当世界无法改变时 改变自己 2

成就强大的自己

高原●著

CNS PUBLISHING & MEDIA | 湖南人民出版社
博集天卷 CS-BOOKY

图书在版编目（CIP）数据

当世界无法改变时改变自己：成就强大的自己.2
高原著.—长沙：湖南人民出版社，2013.4
ISBN 978-7-5438-9225-5

Ⅰ.①当… Ⅱ.①高… Ⅲ.①成功心理-通俗读物
Ⅳ.①B848.4-44

中国版本图书馆CIP数据核字（2013）第055281号

当世界无法改变时改变自己：成就强大的自己.2

作　　者：高　原
出 版 人：谢清风
责任编辑：胡如虹
整体监制：李吉军
特约编辑：刘　霁
版式设计：崔振江
封面设计：主语设计

出版发行：湖南人民出版社 [http://hnppp.com]
地　　址：长沙市盘营东路3号
邮　　编：410005
经　　销：新华书店

印　　刷：北京嘉业印刷厂
版　　次：2013年4月第1版
2013年4月第1次印刷
开　　本：880mm×1270mm　1/32
印　　张：8.5
字　　数：200千
书　　号：ISBN 978-7-5438-9225-5
定　　价：32.80元

（若有质量问题，请致电质量监督电话：010-84409925）

目录　CONTENTS

前言

多变的世界，我们如何过得更好？

多变的世界，我们如何可以让自己过得更好？浮躁的当下，我们又该如何获取幸福的能力？为什么我觉得我什么都有，但是并不快乐？对于自我提升，对于幸福，西方国家有太多的课程，但我个人觉得最值得我们去学习的，还是老祖宗留给我们的国粹哲学——《菜根谭》。它融合了儒家、道家、释家，汇聚了中国近千年的传统智慧，流传百年至今！我也将以此为引，跟读者深入探讨幸福这一主题！

今天，当生活节奏变得愈来愈快甚至快到令人窒息时，你是否很容易就被激怒？或者对于身边的一切都感到不可理喻、厌恶至极？

你是否总有一种想发火、想砸东西的冲动，或者想急迫地伸手抓住一些看似要紧的东西？

你是否对于未来充满了不确定的担忧，以至于赚再多的钱，也感觉不到自己幸福？

你是否在与人相处时，经常有心力交瘁的感觉，或者总是难以妥当地处理自己的人际关系，就连亲人也常对你心生抱怨？

如果你发现上述问题正不可避免地发生在自己的身上，每天让你心忧不已，那么，请翻开这本书，让我们一起从《菜根谭》的智慧中寻找幸福的活法，构筑健康而强大的心灵世界，实现与外部世界的和谐统一，找到为人处世最恰当的方法。

幸福是什么呢？怎样才能拥有真正长久的幸福呢？换言之，在这个功利的社会，我们如何才能生活得快乐呢？人们一定会有几万种甚至更多的解读，但我们唯一可以达成共识的是：金钱或事业上的成功，并不能给我们带来真正的幸福，有时反而会令我们产生更多的苦恼和痛苦。

在茫茫天地之间，每个人都是渺小的个体，我们都需要对自己的人生进行规划，对自己的内心进行修炼，对自己的幸福进行定义，并且找到和建立一套符合自身需要的价值体系，也就是铺就一条通往幸福的道路。

《菜根谭》告诉我们，要想实现人生的幸福愿景，道路并不遥远，而且也并不困难。只要我们能够摒弃内心膨胀的欲望，懂得用中庸的标准约束自己，去除浮躁，冷静处世，达观待人，即便一贫如洗，也一定能够体验到人生的美好，达到与天地共融、与万物共生的空灵境界。

“中庸”，是中国古代一个至高的行为标准，它就是哲学上讲的那个最合适的“度”。有时它会被人们误认为平庸和圆滑，其实，从本质而言，中庸只是一种合适的方法，无关正确或错误。

它最想传达给我们的就是遇事别走极端，天地万物各安其位，不偏不倚执于中。领会了中庸之道，对人对事都可以收放自如，进退有度。在这个过程中，我们就能让内心在世俗的历练中逐渐强大，将外在的东西化为内心的能量。

这就是幸福。

第一章 掌握为人处世的尺度

〇中庸就是平衡，它为我们揭示了一种不偏不倚、不温不火的人生态度。我们通过对自身的教育、约束和监督，达到为人处世时的和谐与融洽，这是实现幸福生活的必要前提。

〇不偏不倚，就是事事执中，既不过柔，也不过刚。不偏不倚，说来容易，做起来很难。这需要我们客观地看待事物、分析问题，避免情绪化地面对这个世界中的任何一种事物。

〇我们既要享受一种事物带来的快乐，又要控制自己的欲念，不至于被它俘虏。喜欢一样东西，不一定就要得到它，也未必就要永久地占有它。抱着这样的想法，才会知足而乐。

〇距离产生美。无论感情、事业，还是生活中的玩物，这个道理都是适用的。

〇凡事都有一个度，太过了则会适得其反。找准目标，适可而止。一味地追求完美，也许就失去了本真。任何事情都是把双刃剑，不要过于执着，到最后反倒伤了自己。

〇认清形势，风头太过只能会为自己招来祸事。要懂得“低调”，适当、适时地收敛自己的光芒。要学会将功劳进行“遮掩”，有为他人作嫁衣裳的智慧。

◎为人处世，要掌握好尺度

气象要高旷，而不可疏狂；心思要缜细，而不可琐屑；趣味要冲淡，而不可偏枯；操守要严明，而不可激烈。

——《菜根谭》

我们要做到心存高远，但不能狂妄自大；考虑问题要尽可能周全，但不必过于烦琐拖沓；生活情趣要清淡高雅，但不可过于枯燥单调；操守要严明自律，但也不可过于偏激极端。

我们打一出生，就生活和成长在特定的环境中，总不免要与自己周围的环境、与这个环境里的各色人等打交道，没有人可以避免。因此，懂一点儿人情世故，学会怎样为人处世，游刃有余地处理人际关系，便成了我们一生也摆脱不掉的幸福必修课。

怎样才能学会为人处世，处理好人与人之间的关系？中国的先圣先贤特别还有我们讲到的《菜根谭》这本书，为我们指出了一个最富有智慧的法门：中庸。

中庸就可以快乐吗？也许还会有人问：“我中庸地活着，就能幸福吗？”其实，中庸不是结果，而是一种处世态度，它不会直接产生幸福的果实，却能为我们的生活撒下幸福的种子。说到底，我们做人做事，都需要一个平衡的尺度。中庸就是平衡，就像一把尺子，丈量我们的每一次思考、每一个行为，约束和控制我们走在中线上。遵循这个原则做事、说话、思考，既不左，也不右，取其中，得其和，面面兼顾，从而达到无所不能。

就像《中庸》里所说：“喜怒哀乐之未发，谓之中。发而皆中节，谓之和。中也者，天下之大本也；和也者，天下之达道也。致中和，天地位焉，万物育焉。”

这句话的意思就是说：人的情感，心中的喜怒哀乐，在它还没有显露出来的时候，称为“中”。当感情表现出来以后能符合常理，称为“和”。“中”是天下的根本，“和”是贯通天下的原则。达到“中和”的境地，天地便各就其位了，万物便能很好地生长发育了。

在现实生活中，做人要圆通，做事就更要圆融，为人处世一定要掌握适中的原则，做到不卑不亢。一个人可以有远大的志向目标和胸怀抱负，也可以为实现自己的人生理想而施展自己的才华，但是要切记，在发挥自己能力的时候，不可表现得过于张扬，更不可恃才傲物、狂狷恣肆，自视极高，而视他人如粪土。

说了这么多，如果用两个简单易懂的字来表达，就是“平和”。

中国历史上鼎鼎大名的人物嵇康，即便在晋朝初年，他的才气也可谓名重天下，但这人生性狂放散漫，做事不拘常理，对当时的一些王侯公卿更是不屑一顾。与当时追名逐利的社会风气可谓水火不相容。

像这样的人，虽然有才华，但不融于社会，很难与他人建立良好的社会关系。

有一天，当朝位高权重的大将军钟会前来拜访他，他当时正与好朋友向秀在大树下锻铁冶炼，见到钟会前来，嵇康对其置之不理，仿若无人般依然专心致志地锻造铁器。过了很久，钟会转身正要离去，嵇康终于开口问道："何所闻而来，何所见而去？"

钟会觉得这次的造访很没面子，悻悻道："闻所闻而来，见所见而去。"自此对嵇康怀恨在心。后来，钟会在皇帝面前屡进谗言，这位才华横溢的大才子嵇康最终也没能躲过"言论放荡，非毁典谟"的罪名，死在了刑场上，连他最拿手的名曲也从此失传了。

嵇康之死是历史的悲剧。一个大才子就这么被杀了，后人无不为之感到痛惜，但究其原因，他自己的责任也是很大的，并不能全怪到钟会的身上。他的志向可谓疏放高远，然而他目下无尘，不懂为人处世之道，尤其是在当时礼教盛行的政治环境下，依然我行我素、视礼教于无物，过于特立独行，不融于世人。按说他自己也应有所体察，但他毫不收敛，放任自己的社会关系越来越糟。那么，他不死，谁死？凭什么有才华就可以肆无忌惮？当你明白这一点时，你就不会同情他了。

这个故事告诉我们，做人要善于"伪装"自己，懂得保护自己。而要做到与人和谐相处，还须以中庸之道约束自己的言行举止，注意分寸，把握火候。在心中时时谨记：要掌握一个度，左右适中，前后恰当，速度合理，就像走钢丝一样，小心谨慎，掌握平衡，方能保证自己的安全。

再比如说，一个人在做事的时候，心思缜密，考虑周详，这固然是好事，这样做事成功的概率也会比较大。然而还是应掌握一个平衡的度。如果思虑得太过，做事总是瞻前顾后，难免会优柔寡断，陷入难于抉择的境地，这样也有可能会使自己错失良机，而之前所做的一些努力和准备亦付诸东流。

因此，少则得，多则惑。有时在做事的时候，顾虑少一些，当机立断，不但能够提高工作效率，最终也会达到一个理想的目标；考虑得过于细碎琐屑，会感觉越来越困惑，容易失去整体上的把握，做事的时候无从着手，反而贻误了良机。

为什么那些心思纯净、情绪稳定的人做事果断，比较容易成功呢？原因就在这儿。他们懂得该出手时就出手，不会胡思乱想，顾虑少，意志坚。这也符合中庸之道。

中国有一个成语，叫作“玩物丧志”。这实际上就是过于沉湎于某一种趣味中，失去了中庸倡导的平衡。比如明朝的帝王谱中有一个“木匠皇帝”——明熹宗朱由校。这位皇帝非常喜欢制作木器，技巧娴熟，而且天赋极高。《旷园杂志》中记载他“尝于庭院中盖小宫殿，高四尺许，玲珑巧妙”，即使能工巧匠也比不上他。

看起来挺好玩的，朱由校也玩得专心致志。对普通人来说这没什么，但朱由校是万乘之尊的皇帝，是江山社稷的领袖，其时正值明朝政权多事之秋，外有后金的侵扰，内有西北的民乱，朝堂之上还有乱政一堆，官员党争，数不清的麻烦事。熹宗对此都不闻不问，依旧沉迷于做一名木匠的乐趣中，于是在他的统治时期，朝堂上孵化出了一个历史上大大有名的奸佞宦官——魏忠贤。中国历史上阉党专制最黑暗的时代也随之到来，导致明朝加速走向灭亡。

一个皇帝对政事漠不关心，不去思索如何为天下子民创造福祉，而只是一味地偏好于个人趣味，这样的帝位是不会长久的，对于他所治理的国家来说，衰败乃至灭亡，也是咫尺间的事。

所以说，再好的趣味，也只是我们人生中的一部分，而不是全部。譬如说，你也许会对目前的工作不是很感兴趣，甚至是有点儿厌烦，但若用一种中庸的人生态度去看待这个问题，告诉自己："现在的工作虽然不好，但我得到的已经够多了，因为我的朋友整天在人才市场晃悠，半年多了还没找到工作，真是苦不堪言！"两相一对比，你的心情可能一下就舒畅开朗起来了。

放眼全球，这个世界上还有许许多多的人吃不饱、穿不暖，过着贫寒拮据的日子。而你不必过这种生活，你有一份稳定的工作，你也不必为衣食住行愁眉苦脸，相对于他们而言，你难道不会觉得很满足吗？

在现实的工作和生活中，我们应该时常保持严肃、理智、清醒、自律的态度和作风，这样可以使我们在面临诱惑的时候冷静下来，不至于迷失和堕落。可是，严明的操守只可以要求自己去做到，不可过分地强求别人也达到你所企盼的境界。

中国的历朝历代，不乏一些狂傲不羁的文人，尤其是在社会环境比较黑暗的时期。这些有识之士志向高远、秉性高洁，可他们与自己身处的时代格格不入，不愿与世人同流合污，内心便不免陷于痛苦的挣扎中，于是他们愤世嫉俗，牢骚满腹。

然而，这些放荡不羁的文人，毕竟是少数。而遭到他们指责的，却几乎是整个社会的主体。少数人与多数人对抗，自然不会有什么好处。

如此，遭到他们指责的群体便会拼命地排挤、打压他们，而他们的一生也只有在挣扎与苦闷中度过。

严于律己，宽厚对人。对待他人，要学会用中庸的思想，以一种平和、适中的态度与之交往，不可过于偏激刚烈。

所谓“世事洞明皆学问”，中庸之道，便是一门很高深的学问，在现实生活中，也是一门相当实用的本领。它渗透在为人处世的方方面面，懂得了中庸，以中庸态度对待他人，以中庸原则处理问题，你会得到事半功倍的效果。

孔子曾说：“君子之中庸也，君子而时中。”大概就是由于君子的一言一行都表达得恰如其分，能恪守中道，做事情四平八稳，所以才能够被称之为君子。

◎不偏不倚，才可臻于至善

清能有容，仁能善断，明不伤察，直不过矫，是谓蜜饯不甜，海味不咸，才是懿德。

——《菜根谭》

清廉纯洁而又有容忍的雅量，心地仁慈而又能够当机立断，精明而又不失之于苛求，性情刚直而又不矫枉过正。这种道理就像是蜜饯虽然浸在糖里，但却不过分地甜；海产的鱼虾虽然腌在缸里，却也不过分地咸。一个人要能把持住这种不偏不倚的尺度，才算是拥有了为人处世的美德。

做人做事，我们都得把握一个尺度，掌握一个标准，设立一条线——也就是寻求一个最为合适的平衡点，然后学会用这样的原则去为人处世，千万不可走极端。在为人处世时，态度过高或过低，言行过刚和过柔，都会导致自己受到损失，也都不是可以帮助我们得到幸福的长久之道。

中庸的原则就是：既不向左，也不向右，居于中，执于两端，总能采取最为恰当的方法，实现一种人事的平衡。这对居于高位的管理者，是最为基本的要求；对生活中的普通人，也是一种尽善尽美的建议。管理者懂得“度”的原则，才能和下属搞好关系，和上司保持恰当的距离。掌握了一个平衡点，心态才能端正，团队才能有更强的凝聚力。常人也是如此，如果一个人行事无度、思维偏激，那么不但旁人会厌恶你，最后你自己也会变得非常无趣和孤僻了。

战国时期，赵国有一个著名人物蔺相如，他在“完璧归赵”和“渑池之会”这两次与秦国的较量中，为赵国赢得了不少的面子，因此赵王拜他以上卿之位，对他的尊崇一时无两，达到了人臣的巅峰，是名副其实的一人之下，万人之上。

这时，向来能征善战的大将军廉颇看不过去了，几次向蔺相如挑衅，意思就是：你一个小小的文臣，跟我这种功勋卓著的大将军、立下汗马功劳的国家元老怎么能比呢？他想尽办法地在各种场合羞辱蔺相如，让他下不来台。

可是蔺相如知道后，不但没有发起反击，反而总是尽量地躲避廉颇，不与他起正面冲突。不管对方如何挑衅，就是两个字：沉默。什么都不说，什么都不做，好像没听到，也不知道有这回事。

这是多高明的办法！现在有多少经理人能咽下这种气，能拥有这种涵养？我见过的都是恨不得扑上去相斗，非分出个胜负来不可，却少有像蔺相如这样闭嘴不言、淡定自若的。这不但是一种胸怀，更是一种非常高明的思维方式。

过了一段时间之后，廉颇才觉悟到蔺相如考虑的是赵国的全局利益，而自己却只纠结于私人恩怨，心胸简直狭隘到了极点。他在这种对比中，自己想通了，说明他还不是无可救药。后来，他亲自登门，向蔺相如负荆请罪，由此，“将相和”的故事成为了一段千古美谈。

假如你在现实生活中是一名官员或领导，你能够廉洁自律、洁身自爱，但如果你还有“宰相肚里能撑船”的胸襟和度量，能宽以待人，刚柔并济，该刚时刚，该柔时柔，那么无疑就更加完美了。

所谓的为官之道和生活中的做人做事之道，讲究的就是要谨言慎行，左右逢源，走中间，不偏向任何一边。个人固然应该保持高洁的操守，但若是过于刚毅狷直，一旦看到别人有不轨行为，便大加斥责，疾恶如仇，那么必定会遭到同僚的嫉恨。当他们抱成团，结成统一阵线，将你孤立起来，或者是对你群起而攻之的时候，你在这个环境中，恐怕也就很难有前途了。

不懂中庸的人，仕途之路会荆棘丛生，郁郁而不得志。不是受人排挤，得不到提升，无法获得发展的平台；就是遭人暗算，被小人在背后捅刀子，还得不到他人的相助。因为几乎所有的人，都站在了你的对立面，欲置你于死地而后快。

对于一个人来说，如果他混到了这种地步，你说他惨不惨？简直生不如死！

事实上，对人宽容，不只适用于官场或职场，这同样是一条为人处世必备的生存法则。只有对人怀有一颗宽容之心，才能更容易让人接近，身边的朋友才会多起来。你得到朋友和同事的喜爱和拥护，在生活和工作中自然也会得到许多帮助和教益。相反，如果你总是硬中带刺，刚猛无比，人人都对你望而生畏，那么你的朋友无疑就会少得可怜。当你有难时，恐怕都会来落井下石，而不是雪中送炭。

因此，当你在处理人际关系的时候，就应该注意和小心了。如果对方有什么错误，你应当心平气和地对他讲道理，而不是严厉指责，更不可矫枉过正。当然，一个人过于柔弱，也是不行的。柔中无刚，就成了软弱可欺，让人看不起。也就是说，刚柔并济，需要我们首先具备一身硬骨。在这个基础上，再去适当地施展柔之道，才能获得最好的效果！

◎不对自己喜欢的事物过分迷恋

山林是胜地，一营恋便成市朝；书画是雅事，一贪痴便成商贾。盖心无染著，欲境是仙都；心有系牵，乐境成悲地。

——《菜根谭》

山林之间本是圣洁的地方，但如果人们都喜欢去，那里就会变成闹市；书画本是有品位之人的高雅之事，但如果人们过分地贪恋它们，它们就会变成商人渔利之物。所以只有人的心灵不受其他外界事物的影响，才会感到世界就好比仙山一样美丽；但如果心中多有牵挂，那么虽处于乐境之中，但实际上却也如同坠入苦海一般了。

任何事物，你如果过分地痴迷其中，执着其中，像贪恋母亲奶水的孩子一样去沉溺其中，你慢慢就会发现，不论多么美好的事物，都会渐渐地失去它本来的价值。突然有一天你就感觉到，即使再高雅的东西，也会因为自己的缘故而变得低俗不堪了。

比如深山老林，空气清新，环境幽雅，百里无人，只有鸟语花香，好一个干净的圣地，只要在那样的环境里一站，就让人凭空生出一种超凡脱俗之感。这本来是古代贤人隐士逃避世俗的绝胜之处，但是人们若是纷纷涌入山林，它就与热闹繁华的都市没什么区别了，从而也就失去了固有的文化象征意义。

最简单的例子是吃东西。一样难得的美食，三十天吃上一次，每次品尝，你都觉得这是人间美味，下次还想吃；但若顿顿如此，几天后你就厌了，觉得索然无味。一对恋人，日夜厮守，寸步不离，互相爱恋，恨不得把对方装进自己口袋里，可时间一长，也可能会产生这个结果：“喜欢”过了头，就走向了“喜欢”的反面。

再比如对于名人书画的喜爱。赏玩书画本是件风雅趣事，可是如果人们过分地贪恋，千方百计地想要拥有它，也就使它沦为了商人赚钱的物事，如此一来，书画的审美价值便荡然无存了。不管什么好东西，过度地追逐，就会变质，就有了铜臭和功利的味道，丧失了它原有的美好本质。

一个女人，对自己的容貌很自信，有一些“小自恋”，这是件好事。女人因自信而美，而容光焕发。可她如果每天拿出三个小时照镜子，一个小时换衣服，时不时地就自恋一下，大部分精力都放到了这上面，那她的美丽，就成了一种病态。这就不叫美了，而是自大，甚至是让人生厌的神经质了。人对自己优点的态度，和我们对书画和山林的态度一样，都会有一个“过犹不及”的潜在问题。

要想取得一个最佳的效果，就需要中庸，保持一个合适的距离。喜欢，但不要沉迷；崇敬，却莫要崇拜。就像粉丝对于偶像的态度一样，平时听听他的歌，看看他的电影，保持一种好感，就足够了，千万别把全部的精力都投注到他的身上，否则就会丢失自己，毁了自己。

金庸先生在其处女作《书剑恩仇录》中，用十六个字表述了自己所推崇的一种人生境界：强极则辱，情深不寿，谦谦君子，温润如玉。意思是说，强到了极点，最终还是会徒然零落，陷入败亡的境地，而一段感情若是投入过深，也是无法长久的。我们应当知道，任何事物到了极限和顶峰，便会渐露衰败，急转直下；一个人可以强大到让天下臣服，但却不一定会因此而受人敬仰。为人还是应做一个温润如玉的谦和君子，懂得将自身的光华加以收敛，时时自省，更应当有宽广包容的胸襟，待人和善，举止从容有度，给人以如沐春风之感。

这里，金庸为我们指出了一个在为人处世方面至关重要的原则——中庸。这正是《菜根谭》的核心思想，也是中国文化中极为珍贵的思想价值。对待一件喜欢的事物，不可过分地沉溺其中，要抱有那种若即若离的态度。得到，不喜；失去，不悲。无论诱惑有多大，都不会沉湎其中。

我们可以举一个例子，一个女人即使长得再美丽，举止再优雅，如果时刻都出现在一个男人面前，希望引起他的重视，让他一分一秒都不要忘了自己，那么这个男人必然会对她心生厌倦。原因何在？就如上面我们提到的，男人起初可能爱她爱得要死，但见多了，见烦了，也就不可避免地审美疲劳了，这是人的心理特性，不会因女人的美丽程度而有所改变。

我有一个朋友，他工作非常努力，事业心很强，为了得到老板的赏识，向老板证明自己的工作能力是出类拔萃的，便一心埋首于工作中，而忽视了家庭。最终，他的两次婚姻都因他过于投入工作而以失败告终。但他毫不在乎，依然将工作放在第一位，因为他的目标是事业而非家庭。这样的付出当然也让他得到了几次提升和加薪。

这样的人其实很多，为了工作牺牲了个人生活，就连人生当中非常宝贵的婚姻和家庭都不在乎。可就在公司裁员的时候，我这位朋友却被迫第一个离开了公司。到头来，婚姻和工作，一样都没保住。

为什么会这样？因为他的工作能力太完美了，一个把全部时间和精力都投入到工作中的人，在同事看来是很扎眼的。上司开始对他还是欣赏的，时间长了，就觉得他出色的工作，将来很可能会对自己构成威胁。这样的完美也成了一种“拖累”。而他自己，由于玩命地工作，积劳成疾，失去了比婚姻更为宝贵的健康。当公司开始裁员的时候，上司就借机让他走人了。

这位朋友的故事说明了，本来是一个很好的开端，但若是过分地投入，沉溺其中，事情的性质就开始向负面转变了。同样的，现实中的人们，如果对金钱、权力、地位这些东西追求得过于热切与执着，那么也会导致过犹不及的结果。

相信大家都很熟悉“范进中举”的故事，范进一辈子穷困潦倒，一连考了二十几次，屡试不中，直到五十四岁那年才侥幸中了秀才，在听闻喜讯之后，他居然激动得昏倒在地，再后来竟然疯了。

所谓物极必反，刻意地追求自己想得到的东西，到头来回顾自己因此而失去的东西，往往你会觉得得不偿失。

我们该怎么做呢？就是要把握四个字：适可而止。

对有些东西，与其放手去追，为了它抛开一切，付出所有，不如身在俗世，让心灵保持一份平静，经营好自己已经拥有的生活，让身边的每个人都感受到幸福。这难道不也是一种人生的仙境乐都境界吗？

◎歌舞酒宴最浓时，便该大笑拂衣归

宾朋云集，剧饮淋漓乐矣，俄而漏尽烛残香销茗冷，不觉反成呕咽，人索然无味。天下事率类此，奈何不早回头也。

——《菜根谭·补遗》

高朋满座聚在一起，大家痛饮狂欢，真是畅快之极，然而转眼之间就夜静更深，炉中的檀香也已经烧完，醇美的香茶也已经冰冷，此时回忆起方才的狂欢豪饮突然有些要吐的感觉，再回想那些美酒佳肴，更觉得索然无味。人间的事物大多如此，一旦过分了，就会产生反效果，既然如此，人们为什么不及早回头、适可而止呢？

适可而止，这是智者的思想。但在现实中，却少有人愿意参照而行。大家都是得意时就想尽兴，失败时又无法摆脱痛苦。从来不懂得适度与平衡的道理。

现实中，人们想抓住的东西太多，一旦有机会到手，就会紧紧地攥住不放，放纵自己尽情享乐，根本没有为自己做好一个刹车的思想准备。

在古典名著《红楼梦》中，林黛玉天性喜散不喜聚。她所思的正是这个道理，她说："人有聚就有散，聚时喜欢，到散时岂不清冷？既清冷则感伤，所以不如倒是不聚的好。比如那花儿开的时候儿叫人爱，到谢的时候儿便增了许多惆怅，所以倒是不开的好。"

所以，人以为喜之时，她反以为悲，正是因为考虑到了聚散无常的必然性，其性情，就是适可而止，不过分，很平淡地对待这些聚散的问题，比一般人能够看得透，想得远。

与之相反，贾宝玉的性情则比较极端，他只愿常聚，生怕一时散了，就会带来悲伤。对花，他只愿常开，生怕一时谢了，就会没趣。这样的想法，就是只想永远占有，拥有快乐，不能接受分别和痛苦。过度的渴望，让他的情绪起起伏伏，大喜大悲。

这就像宴会开始时，"小槽酒滴真珠红""罗帷绣幕围香风"，终时却杯盘狼藉，残羹冷炙，香销茗冷，先"乐矣"，后"反成呕咽"。一顿饭如果吃得过饱，情绪释放过度，到了曲终人散时，心里反而更加寂寞了，一点儿都感受不到酒宴带来的快乐。这都是因为大多数人不懂得控制自己，过于放纵自己享乐的欲望。

新闻报道中也不乏此类消息，许多人在酒席上喝得大醉，回家的路上出了车祸，酒驾被拘还是小事，更有甚者发生碰撞乃至出了人命。前面喝得尽兴，玩得开心，后面却付出了惨重的代价。不懂得节制，不执中，不控制，就常会出现这样强烈的反差。

吃饭喝酒如此，其他事也是相同的道理。很多人都是今朝有酒今朝醉，明日愁来明日愁。他们乐此不疲地活在先乐后悲的恶性循环中，每天都感到失落，又不愿意改变现状。这就是烦恼，也是人们难以摆脱的轮回。

我们不管做人还是做事，都应记住这个道理，凡事适可而止，不可过于执着。所有的热闹最终都要归于寂静。或许，我们每个人到最后要想清楚的问题，不过是人生真正值得珍惜的究竟是什么。

对此，我想，无非是爱、温暖和幸福，是父母、爱人、家庭、孩子、亲人和真心相对的朋友。这些才是我们的生活中最重要的。将自己的爱意给予他们，享受亲人之间的欢乐，体会人情的温暖，这比纵容自己的物欲和贪念，要来得划算与长久！

◎做任何事情都要适可而止

花看半开，酒饮微醉，此中大有佳趣。若至烂漫酕醄，便成恶境矣。履盈满者，宜思之。

——《菜根谭·补遗》

观赏花卉，以含苞待放时为最美；喝酒，则以喝到略带醉意为适宜。这种花半开和酒半醉的境地，包含许多美妙的趣味。反之，如果在花已盛开时再去观赏，酒饮到烂醉时才停止，那就会使人陷入一种非常恶劣的境地。那些丰衣足食、事业圆满的人，最好能深思一下这两句话的真义。

做人做事，都要适可而止，就像吃饭一样，饿肚子当然不行，吃得太饱也会伤到身体，所以才会有“饭吃八分饱”的谚语。也就是说，什么事都应该追求一个适度。花开到最灿烂的时候，也就到了该凋谢的时候；喝酒喝到了烂醉如泥的程度，人连意识都没有了，又有什么快乐可言呢？

天道忌盈，人事惧满，月盈则亏，花开则谢。这些看起来平实朴素的自然规律，实际上也是我们为人处世应该遵循的原则。

就像我们的工作一样，事业刚开始，或者进入冲刺阶段的时候，所有的一切都是生机勃勃的向上的状态，那个时候，尚有足够的时间来品味即将成功的喜悦；当事业达到顶峰的时候，看似我们已经拥有了所想要的一切，殊不知危险已经在悄悄地向你靠近了。在这时，就要以“如临深渊，如履薄冰”的态度来小心翼翼地待人接物了。

饱含中国传统智慧的经典著作《易经》告诉我们，否极泰来，物极必反。大意便是：凡事太过度，就会向着相反的方向发展。就像喝酒喝过头，到了烂醉如泥的程度，就会使畅饮变成受罪。这几年，新闻上经常报道酒后交通肇事的恶性事件，酒后驾车不仅给无辜的路人带来了终身伤害，也给自己带来了牢狱之灾。

如果他们能早些懂得适可而止的道理，事先克制自己的话，还会发生这样的悲剧吗？显然，正是因为他们在酒场过度地放纵自己，一点儿也不考虑自己的行为会带来什么后果，才既伤了别人又伤了自己。

事业刚起步的时候，大家都很是小心谨慎。这时的团队很团结，气氛也很融洽，大家共谋发展，充分体验到创业的乐趣。而到了成功的时候，因为拥有的东西多了，不仅骄奢之心来了，争权夺利的事也渐渐多了起来。

我们经常能看到这样的新闻，那些知名大公司的管理层不断地发生各种各样的矛盾，甚至到了分道扬镳的地步，曾经无话不说、生死与共的好哥们儿也都变成了见面分外眼红的仇人。

之所以很多事情会变得不可收拾，都是因为人们心中的“不满足”造成的。每个人都拼命地想得到一切，不懂得适时收手，不知道知足常乐，没有达到“恰如其分”的心灵境界，即便拥有了花不完的金钱，又怎么会真正地感到快乐呢？所以，对于每一个想要有所作为的人来说，都应该牢牢记住“月盈则亏，履满者戒”的道理。

有这么一个故事，说的是有一个人，他去拜访一位部落首领。首领说，你从这儿向西走，做一个标记，只要你能在太阳落山之前赶回我这里，从我这里到那个标记之间的地方，就全都是你的了。这个人一听特别高兴，心想，看来我的好运来了，要发财了，这还不容易吗。于是就兴奋地出门了。

但结果却是，直到太阳落山了，他也没有走回来，因为他走得太远了，为了得到更多的土地，他始终不想停下来，更不想回头。结果累死在了路上。

贪心的人是走不回来的，因为他根本不懂得适可而止的道理。

不过，在现实生活中，还有一些人，他们并不是那么贪心，但是也走不回来了。这是因为他们不懂得做事适度的原则，总想把事情做到最好，结果就陷在了无穷无尽的调整和尝试中。他们被完美主义者过高的目标锁住了手脚，以致做事情常常会半途而废。

对这样的情况，我也有很深的体会。有一次，我要在客厅里钉一幅画，就请邻居前来帮忙。画已经在墙上扶好，正准备钉钉子呢，邻居看了一眼，说："这样不好，我们最好钉两个木块，把画挂在上面。"我遵循他的意见，请他帮着去找木块。

木块很快找来了，正要钉，他又说："等一等，木块有点儿大，最好能锯掉点儿。"于是便四处去找锯子。找来锯子，还没有锯两下，"不行，这锯子太钝了，"他摇头说，"我们得磨一磨。"

他家正好有一把锉刀，等锉刀拿来了，他又发现锉刀没有把柄，用起来很不趁手。看来，他是一个事事追求完美的人，为了给锉刀安一个把柄，又去附近的一个灌木丛找小树去了。要砍下小树时，他又发现我那把生满铁锈的斧头实在是不能用。他又去找来了磨刀石，可为了固定住磨刀石，必须得制作几根固定磨刀石的木条。为此他又去找到一位相识的木匠，说木匠家里有一个现成的……

我彻底被他搞晕了，心想，邻居是不是闲着没事做呢，非得把这么简单的事情弄得这么复杂？于是我就坐在沙发上等着他把木条拿来。然而，他这一走，就再也没回来。那幅画，我还是按照原来的方法，一边一个钉子把它钉在了墙上。

等下午我再见到邻居的时候，是在街上，他正在帮木匠从一家商店里往外抬一台笨重的电锯，说是要用电锯去做几根木条。我急忙过去，很抱歉地对他说："实在不好意思，您不用费心了，那幅画，我已经钉好了。”

为了表达自己的歉意，我特意请邻居和木匠吃了一顿饭。席间，他还有些不甘心，觉得那幅画应该钉得再细致一些，那样才好看。

如果只是为了完成这么一件小小的事情，就要付出这么大的代价，这样的成本到底值不值呢？事事追求完美并不是什么错，关键是我们要考虑为此付出的时间成本和精力成本。生活的目标是追求快乐与幸福，很多事情只要适意和开心就行了，真的实现了圆满，其实未必就有开心的感觉。

在我们身边，不管是在工作上，还是生活中，都有好多这种走不回来的人，不知道在适当的时候为自己踩刹车。他们认为要做好这一件事，就必须得去做前一件事，要做好前一件事，必须得先去做更前面的事。所以，他们逆流而上，寻根究底，直到把自己最初的目标忘得一干二净。本来要爬山的，结果为了买一双最合适的鞋而努力，买了鞋子，又想买一身最适合登山的衣服。等到什么都买全了，当初爬山的兴趣早就消失了。

生活中有不少这样的人，看起来忙忙碌碌，一副很辛苦的样子，其实，他们根本就不知道自己在忙什么，也体验不到应有的幸福滋味。也许刚开始的时候还清楚自己要忙什么，可是一旦忙开了，也就把真正的目的都忘了个一干二净。

所以，我们一定要时刻提醒自己，明白自己的处境，清楚任何事情都有两面性，走到任何极端都是不对的。就像赏花和饮酒一样，看花要看刚开的时候，喝酒喝得微醉最好，做人处事也是同样的道理：去寻找合适与恰当，去把握适可而止的境界，才是最为完美的。

◎物极必反，凡事都应留有余地

爵位不宜太盛，太盛则危；能事不宜尽毕，尽毕则衰；行谊不宜过高，过高则谤兴而毁来。

——《菜根谭》

权势不宜太盛，否则会带来危险；做事不要总想一下子做完，等做完人也累了个半死；言行举止不可自我标榜过高，否则会惹来诽谤和诋毁。

俗话说“树大招风”，一个人的气势与声誉太过旺盛，直冲顶点，必然会引起一些人的羡慕嫉妒恨，接踵而来的就是一个个不可预知的危险和麻烦，明枪暗箭更是少不了。

所以，凡事要有一个度，在上下之间，在左右之中，选取中间的位置。不要太弱，也不要太盛。太盛了容易失去回旋的余地，不管干什么事情，为自己留条后路总是有必要的。

《史记》中有一句话是：“飞鸟尽，良弓藏；狡兔死，走狗烹。”纵观整个中国的历史，从汉高祖刘邦到明太祖朱元璋，在建立起稳定的政权之后都一步步地将为自己打天下的功臣给杀了，难道仅仅是这些皇帝忘恩负义，难有容人之量吗？其实并不全是如此，如果这些臣子功高盖主，风头高过了皇帝，试问皇帝心里能舒服吗？站在当权者的立场，这其实是一种无可厚非的选择。

韩信作为西汉的开国功臣，为刘邦打下了大半个天下，为刘家坐稳四百年的江山打下了基础。从齐王再到楚王，他的功劳和能力使得刘邦都开始畏惧他，张良早就提醒过韩信，看准时机早点儿交出兵权，解甲归田，也好得个全身而退。但是韩信对此不以为然，认为刘邦给了他“见天不死，见地不死，见铁不死，见人不死”的承诺。

最后的结果是，经刘邦的默许，韩信被萧何和吕后设计杀死在了长乐宫中，相传他被布包起来，不见天，不见地，也不见人，然后被竹子给捅死了。这样还不算完，还被诛灭了三族。

就是因为韩信太有才华了，成功以后，自身的势力和影响又太过强大，同时为人也不够谦卑低调，最后才会落得个诛灭三族的下场。越是有才华的人就越容易遭到别人的嫉恨，当你的风头盖过了上司，气势达到了鼎盛，事情做得太过招摇，不懂得收敛，这样不仅上司会不高兴，同事也会因嫉妒而诽谤你。

清末的名将曾国藩就要聪明得多，他领命前去平定太平天国，平定之后，作为“第一功臣”的他深知，这时候自己的功劳并不会为自己带来什么亨通的官运，反而会使朝廷对他产生无尽的猜忌。在权衡了利弊之后，曾国藩上书朝廷：“湘军作战年久，暮气已深。”说自己手下所率领的湘军因为连年作战，已经没有多大的战斗力，请求皇帝允许他裁减一部分湘军。以此向朝廷表明心迹：我曾国藩没有什么野心，只效忠于朝廷。如此才得以保住自己的官衔和项上人头。

就算合作伙伴是自己从小玩到大的朋友，创业初期大家称兄道弟，什么都好说，因为这个时候大家都一样，谁也不比谁更风光。但一旦创业有了突破，公司有了起色，名利随之而来，别人就会开始考虑你是不是风头太盛，是不是能力太强，是不是会另立门户来对抗自己，威胁到自己的利益。只要我们向曾国藩取经，在春风得意的时候，适当地压制一下自己的风头，就可以明哲保身，全身而退，继续过我们想要的生活，一点点、渐进地完成我们的目标。

◎在入世和出世中找到自己的平衡点

鱼得水逝而相忘乎水，鸟乘风飞而不知有风。识此可以超物累，可以乐天机。

——《菜根谭》

鱼有了水，才能优哉游哉地自在畅游，但是它们常常忘记了自己置身于水中；鸟借风力才能自由自在地翱翔，但是它们却不知道自己置身于风中。人如果能看清此中道理，就可以超然地置身于物欲的诱惑之外，获得人生真正的乐趣。

一个人的成功，其实很多时候并非全靠自己的力量，而是借助于某种外在的因素。但很多时候，我们却不能看到这一点，总觉得自己很厉害，能够在世间掌控一切，一不小心就得意忘形了。只有清醒地认识到这一点，我们才不会被物欲所俘获而失去了自我。

北宋的文学家范仲淹，他少时贫穷，常常过着食不果腹的生活，但他理想远大，眼界高远，以天下为己任。

据说，他曾经问一个相士："我将来可以做宰相吗？"

相士答：“否。”

他又问：“我能做名医吗？”

相士惊讶地问：“为什么前面的志向高远，而后面的却这么卑下呢？”

范仲淹的回答是：“因为只有这两样才可以救人。”

你看，范仲淹虽然穷得家徒四壁，却仍然怀着一颗仁人之心，处世忘世，眼中只有自己的理想，体现了悲天悯人的情怀。换成别人，可能就只想着填饱肚子，追逐一些小名小利了。只有达到处世而忘世的境界，才能物我两忘，全身心地去帮助别人，而不是只知道追名逐利，满足内心的物质欲望。

据历史记载，名士阮籍不允许自己的儿子学他，而是鼓励儿子去做一些真正有益于社会的事情。“竹林七贤”放浪形骸，抨击名教，饮酒纵行，是对那个不合理时代的一种消极反抗。而后世的一些所谓的“名士”，身处太平盛世，故作魏晋名士状，以“名士”为踏脚石，方便他们追逐功名利禄。他们所谓的隐逸疏放，归隐山林，只不过是把它作为入朝为官的终南捷径而已。他们看上去超然出世，淡泊名利，其实仍然在心里惦念着名利。

我们要做后者这样虚伪的人吗？当然不能！

真正的处世而忘世，就可以超物而乐天。因为世上的很多事，知道了反而徒增忧愁，只有忘乎所以了，才有可能其乐融融。也就是说，虽然我们活在物质之中，却要忘却对于物质的需求，而专注于精神与心灵的提升，这才是通往幸福的唯一道路。

普遍来说，人因为物质条件的保证而得以生存，人们以追求物质的最大满足为幸福，殊不知如果人人都这么追求，整天想的就是这些，为了有限的资源而你争我斗，那么烦恼就由此而生了。人如果忘却这种物欲上的旺盛占有欲，放弃贪得无厌的追逐，转而寻求精神自修之道，达到心理上的平衡与安然，就可以超然于物欲之外，自然会增添一些开心的东西，得到更多的自由。

我们需要将自己的理想放在首要位置，忘记世间的种种限制，记得时时肯定自己，自信地追求下去，终会取得成功。或许这个成功与你的理想不完全一致，但持有良好的生活态度，将自己置身于物欲之外，不被外物扰乱自我，才是最为惬意和最为快乐的。

第二章 控制内心的欲望

○欲望是一把枷锁，会封锁住我们的精神自由，我们应以一种平和的心态，适当地去放下内心的欲求，这样才会得到真正的快乐，切实地拥有幸福感。

○应敢于将欲望当作自己的试金石，面对欲望学会自我控制，这样才能驾驭事物，成为真正的赢家。

○欲望也讲究中庸，欲望太盛则会引火自焚，欲望太低也只能是碌碌无为，唯有取其折中，适可而止，才是成功之道。

○善与恶只在于自己的一念之间，用自己的理智和意志去自我克制，学着宽容别人，时刻以宽容之心待人，保持一份清凉的心境，自然会接近大贤大圣之人。

○虽说要时刻具有危机感，但也要时刻保持豁达的心态，凡事理智地思考，客观、积极地应对才是根本，才能真正地解决问题。

○在为人处世中，应该持有知足常乐的心态，要善于剖析自我，给自己一个恰当的定位，学会调节内心的情绪和欲望，找准定位，拥有一份淡泊之心，才能使得自己的修养和情操得到升华，得到真正的身心愉悦。

○生活因为有追求而变得多姿多彩，却又因为追求太多、太不切合实际而变得不快乐。以从容淡定的态度来面对纷杂的世界，知足者才能常乐。

◎一念放下，万般自在

放得功名富贵之心下，便可脱凡；放得道德仁义之心下，才可入圣。

——《菜根谭》

一个人能丢开功名富贵，不被权势所左右，就可以超越庸俗的尘世杂念；一个人如果不受仁义道德等教条的束缚，就可以进入超凡绝俗的圣贤境界了。

功名富贵的诱惑，就像是一把枷锁，牢牢地锁住了我们的精神，成为我们的思想负担，使我们永远也冲不出名缰利锁的樊笼。只有放下这些东西，我们才能摆脱世间俗物对于心灵的影响，方能领会到人生真正的快乐。

乾隆皇帝下江南的时候，到了金山寺，在寺前闲眺，遥望长江，只见千帆竞渡，往来穿梭，便问寺内方丈："江中有船几许？"方丈回答："不过两船而已，一艘为名，一艘为利。"汉朝的司马迁也在《史记·货殖列传》中言道："天下熙熙，皆为利来；天下攘攘，皆为利往。"可见，汲汲营营于名利，是古今世人共同的追求。

古来王侯将相，因过度追求世俗名利而殒身者，比比皆是。人总是控制不住自己内心的欲望，喜欢争权夺利，也最终被名利羁绊了一生，变得整日浑浑噩噩，俗不可耐。

《红楼梦》里的几句偈语说得好：

世人都晓神仙好，惟有功名忘不了。
古今将相在何方？荒冢一堆草没了！
世人都晓神仙好，只有金银忘不了。
终朝只恨聚无多，及到多时眼闭了。

适时地学会放下，是一种有智慧的人生态度。

放下，说起来容易，然而真正要做到这两个字，对世俗之人来说，并非易事。“放下”的智慧，多出现于佛道哲学中，譬如佛家常说的“空即是色，色即是空”。老子也说过：“五色令人目盲；五音令人耳聋；五味令人口爽；驰骋畋猎令人心发狂；难得之货令人行妨。是以圣人为腹不为目，故去彼取此。”一味地追求声色犬马，很容易因为这些物质享受而陷身泥淖、不能自拔。

有些人认为它是一种消极无为的人生观，而事实上它是以进为退、明哲保身的处世之道，譬如“蝮蛇螫手，壮士解其腕”，在一定程度上有很积极的作用。所以儒家也讲：“知止而后有定，定而后能静，静而后能安，安而后能虑，虑而后能得。”这里的“止”，即停止，也就是放下。

《大唐西域记》里有一个故事：在龟兹一带坐落着一个小国，国王崇尚佛学，打算云游四海，瞻仰佛祖遗迹，便命令其胞弟摄政。御弟受命后，暗自将男根割去，他将男根封在金匣中，呈给国王。国王不解其意，便问他里面盛放何物。御弟道："等陛下返驾之后再打开亲视吧。"于是国王嘱托亲随好好保管。

等国王回宫后，有人便造谣陷害中伤御弟，说："陛下命他摄政，他却淫乱后宫。"国王听后大怒，将要对其处以严刑。御弟从容说道："如果臣弟有罪责，决不会逃避，但还是希望陛下打开金匣看一下。"皇帝打开金匣后，见到里面竟然是一段男根，大惑不解。御弟便向他解释："陛下在云游之前，命臣弟代理政事，臣弟担心日后有谗言之祸，因此割去男根以示清白，如今它已经成为了最好的证明臣弟清白的证物，还请陛下明察！"

国王听完，顿时大为感动，从此允许御弟自由出入内宫，不再予以限制了。

这个故事告诉我们，在特定的环境中，学会放下，站在局外看问题，事情的结果反而会朝对你有利的方向发展。比如说，在工作中，你比同事勤恳耐劳一些，不因一些鸡毛蒜皮的小事而与同事斤斤计较，虽然看上去是"吃了点儿亏"，但你可能会因此在公司赚得一个良好的口碑，人际关系也会越来越好。长此以往，大家都对你有着很高的评价，相信老板也会将这一切看在眼里，对你留下不错的印象，甚至会考虑对你提拔重用。

说到底，人不可存有太多的欲念，如果因为这些有可能无法得到的东西而搅乱了原本平静的生活，那就得不偿失了。我们在生活中总会遇到一些怦然心动的瞬间，有时，这些瞬间的心动诱惑你走向欲罢不能的深渊。当诱惑来临时，我们就应该以一种平和的态度去应对，不冲动冒进，不急功近利，适当地压制欲望，淡定地放下内心的欲求。谁又知道，诱惑的背后，是不是华丽的陷阱呢？

◎远离欲望，也在欲望中磨砺自己

把握未定，宜绝迹尘嚣，使此心不见可欲而不乱，以澄吾静体。操持既坚，又当混迹风尘，使此心见可欲而亦不乱，以养吾圆机。

——《菜根谭》

当我们的意志还不坚定、对自己尚无把握之时，应该尽量远离物欲的环境，让自己看不见物欲的诱惑，不使人心产生迷乱，这样才能领悟到纯洁的本色。当意志坚定、可以自我控制之时，就多多接触不同环境，即使看到了物质的诱惑，也不会迷乱和堕落，从而培养自己圆熟质朴的灵性。

这就是说，当一个人的意志尚不足以控制事物的局势时，那就应该远离事物本身，保持内心的虚静，说白了，就是眼不见为净。对于不能控制的事情，我们就不要接触，心灵就不会受到污染。

就像俗语说的：少不读水浒，老不读三国。这句话我们应该如何理解呢？其实原因很简单：少年人血气方刚，做事容易冲动，而《水浒传》中讲的又都是打打杀杀的“强盗”，读了可能会使年轻人产生“英雄崇拜”，效仿梁山好汉们，“替天行道”，危害社会的同时又毁了自己一生的前途。上了年纪的人深谙世故，《三国演义》里不乏阴谋诡计、尔虞我诈，读了之后，难免愈加老谋深算，欲壑难填。

佛家中讲求“明心见性”，即摒弃一切世俗杂念，发现本心，回归本性，从而达到一种超脱的境界。可我们大多数人都不是佛教徒，我们生活在物欲横流的现实世界中，无法做到不染世俗尘埃，而对金钱、权势、地位的追逐和崇拜，似乎也成了我们所处的社会环境中固有的行为方式。

尽管如此，我们依然可以控制自己内心的欲望，当物欲来袭之时，我们不妨冷眼旁观，甚至视而不见，“致虚极，守静笃”，而后再静观其变，待机而动。

阿莱士是美国得克萨斯州一家小电器公司的老板，1985年他的一个朋友想把一大笔钱投资到他的公司，计划一起将公司的规模扩大，希望进入股票市场。要知道，当时几乎所有的股票都疯狂上涨，每天都有上万个百万富翁诞生。这是多少人梦寐以求的发财机会！可是阿莱士经过了一周的考虑，断然拒绝了朋友的邀请，其中的一个原因是他没有把握去控制和管理好一个大型公司。

后来，他的朋友找到了其他合伙人，成为了一家大公司的大股东。股票持续上涨，他的朋友身价倍增，买了别墅，换了名车。阿莱士却将自己辛苦经营多年的电器公司解散，将钱存起来，自己到了日本一家电器公司做了销售主管。

过了两年，席卷全美的股灾爆发了，股票一再下跌，他的朋友从百万富翁顷刻间变得一无所有，最终选择了自杀。而阿莱士却保存了实力，凭借自己存蓄的那部分钱和在日本电器公司的管理经验东山再起，后来，他成了得克萨斯州最大的一家电器公司的总裁。

为什么阿莱士没有在这次金融灾难中倒下呢？因为他懂得一个道理：一个人在没有能力或者没有把握得到之前，要果然放弃不应该得到的东西，要懂得克制物欲的诱惑！

对于现实中的每一个人来说，谁都有追求物质享受和成功的欲望，可当一些虚幻的、不切实际的诱惑摆在我们面前的时候，或者说，当我们没有意志和能力去做好的时候，应该学会审时度势，量力而行，控制住好自己的内心。

但是任何事物都不能走极端，对于欲望的控制，也是如此。就像《菜根谭》中有这么一句话："淡泊之守，须从浓艳场中试来；镇定之操，还向纷纭境上勘过。"大意是说，经历得越多，你就会越来越老练，饱经沧桑，才能淡泊名利；历尽千辛，才能镇定自若。

为人处世，如果不经一番寒彻骨，怎得梅花扑鼻香？在《西游记》中，唐三藏西天取经，跋山涉水、历经诸国，路途不可谓不遥远；一路上遭遇魑魅魍魉、妖魔鬼怪，经历的磨难不可谓不多。但他一心向佛，意志坚定，在各种险恶的环境中仍不忘西天取经的志向，所以能够取得真经，修得正果。

如果一个人的意志坚定，想要塑造自己的内心，培养自己圆熟质朴的灵性，那么充斥在我们生活中的各种物欲，便是最好的试金石。我们不妨多与外界接触，如果面对诸多的物质诱惑，也依然可以忠于自我，坚定信念，如同"出淤泥而不染，濯清涟而不妖"的莲花，同时在做一件事情的时候，也能很容易地看出事物的本质，那么，我们做事成功的概率就比较大了。

◎欲望如猛火，时刻提防欲望的吞噬

生长富贵丛中的，嗜欲如猛火，权势似烈焰，若不带些清冷气味，其火焰不至焚人，心将自焚矣。

——《菜根谭》

一个生长在豪富和权贵之家的人，物质方面的享受可说应有尽有，也很容易养成各种不良的嗜好和喜欢作威作福的个性；不良嗜好对于人体的危害，就有如烈火，作威作福和专权弄势的脾性，对于心性的腐蚀就有如凶焰；假如不及早清醒，用清淡的观念缓和一下汹涌的欲望，那种猛烈的欲火虽然不至于让人粉身碎骨，其引发的心火早晚有一天也会自焚自毁。

人人都有欲望。欲望可使你幸福，也可让你毁灭。怎样控制欲望，对我们来说就无比重要。

一个生在豪富权贵之家的人，过于丰盛的物质享受往往容易滋生出一些不良的嗜好。现实生活中的富家子弟，他们有的性格懦弱、胆小怕事，有的嚣张跋扈、颐指气使，有的刚愎自用、目中无人，有的残忍暴戾、作威作福……

记得《红楼梦》里有一个情景，说刘姥姥二进大观园的时候，给荣府算过一笔账，单只一桌子菜就花了二十两银子，不由得口呼“阿弥陀佛”，慨叹“这一顿的钱够我们庄稼人过一年了”。每天被如此奢侈的物质生活腐蚀着，难怪贾府之人各怀心机，整日钩心斗角，在个人私生活上，出现如焦大所说的“扒灰的扒灰，养小叔子的养小叔子”，也就不足为奇了。

现实中，人的欲望是永无止境的，这正是人性中致命的一大弱点。

中国历史上，不乏一些位极人臣的王侯将相，他们几乎已经得到一人之下、万人之上的尊贵荣耀了，不缺钱，不缺名，也不缺乏地位，可他们仍旧不知满足，得陇望蜀，欲望的魔手企图伸向权力的最高层。不错，有些的确成功了，安安稳稳地登上了皇帝的宝座，但大多数还是失败了。

韩信便是一个典型的例子。他出身贫穷的布衣之家，曾受过漂母一饭之恩，亦曾受过屠中少年的胯下之辱。他从一无所有，到后来的“登坛拜将”，因战功赫赫而名震天下，最终位极人臣，成为“汉初三杰”之一，风头一时无两，就连皇帝刘邦也让他三分。做人混到这个高度，他应该可以满足了吧？

可是他并不满足，他的欲望太大，不懂得“飞鸟尽，良弓藏；狡兔死，走狗烹”的仕途潜规则，因一时的不受重用而起了谋反之心，这也正好给了刘邦一个诛杀他的借口。韩信最终也被这无穷无尽的贪欲所吞噬，死在了皇族的刀下。

再看他的同僚，则是另一种做人做事的风格。张良与韩信同列“汉初三杰”，论其功劳，绝不在韩信之下，汉高祖刘邦曾对其有过极高的赞誉：“夫运筹策帷帐之中，决胜于千里之外，吾不如子房。”

这就是张良，才华盖世，洞察全局，堪称当时的天下第一人才！而且他深谙明哲保身之道，比韩信聪明许多，他知道自己虽然为汉室天下立下了汗马功劳，可也深知功高盖主正是历来被统治者所忌讳的，所以他能克制内心的欲念，潜心静居修道，急流勇退，从而名垂万世，千古流芳。

一个人的欲望太多，会很容易迷失本性，甚至为了满足欲望而不择手段，做出一些伤天害理的事情，最终只能以悲剧收场。历史上死于欲望的人太多太多了，可是后人依然不从中吸取教训，心甘情愿地背负起欲望的债，也就成为了欲望的奴隶。

古人常言：壁立千仞，无欲则刚。欲望，是人的本性，是一种生活目标。人有了欲望，才会有理想，才会为实现自己的理想去拼搏、奋斗。所以，合理的欲望是实现一个人社会价值和自我价值的动力。

可凡事都讲求一个尺度，欲望若是太盛、太多，或者太大，又不能很好控制的话，人就会迷失自我。有人抵制不住欲望的诱惑，往往为财欲、权欲、色欲迷了心窍，最终被欲望侵蚀。“壁立千仞，无欲则刚”是要告诉人们：一个人如果没有世俗的欲望，就会无所畏惧，刚正不阿。

庄子一生淡泊名利，与世无争，始终不为欲望所动。有一次他去梁国，有人对他的好朋友惠子说：“庄子此次前来，是要取代您做梁国宰相啊。”惠子听了惶恐不安，在国中搜了庄子三天三夜。没想到庄子从容拜见他，不急不忙地说：“南方有只鸟，叫鹓鸰，您知道吗？这鹓鸰从南海飞到北海，不见梧桐树不休息，不是竹子的果实不吃，不是醴泉之水不喝。有只猫头鹰刚抓到一只腐鼠，正碰上鹓鸰经过，那猫头鹰以为鹓鸰要跟它抢食吃，便‘吓’的一声怒斥。现在，您也要来吓我吗？”

老子说："见素抱朴，少私寡欲，绝学无忧。"又说："清净可以为天下正。"对于时下被欲望缠身的人们来说，向这种冲淡无为的道家思想取经学习是很有必要的。

一个人若是一生庸庸碌碌，固然是人生的一大败笔。但若欲望太盛，在欲望中迷失了自我，却也并非好事。所以，我们在工作和生活中，要适当地控制自己内心的欲望，不要让它越界。要知道，欲望之火越烧越旺，最终被烧掉的就是自己。

◎控制心中的欲火，保持清凉的心境

当怒火欲水正沸腾时，明明知得，又明明犯着。知得是谁，犯着又是谁？此处能猛然转念，邪魔便为真君子矣。

——《菜根谭》

当一个人怒火中烧、欲壑难填时，自己明明知道去做一件事是有害的，但还是控制不住自己，很冲动地去做一些不好的事，这是为什么呢？如果在这个时候能够猛然转念，悬崖勒马，我们就能把自己从邪魔变成一位高尚的人了。

儿时，我在读金庸小说《天龙八部》的时候，里面有一个场景至今让我记忆犹新。小说中一个人物叫风波恶，他是慕容复的一个家臣，这个人做事光明磊落，有着绝世的武功，是个英雄好汉，与慕容复阴险毒辣的行事作风截然不同。

有一天夜晚，这个叫作风波恶的人走在一座独木桥上，这时候，对面走过来一个挑着粪担的乡下人，两人狭路相逢，谁也不肯退一步，都想争道而行，于是两人就这么一直僵持着。

后来还是那乡下汉子忍受不住了，开始破口大骂起来。风波恶也不示弱，立刻反骂回去。这位挑担的汉子渐渐体力不支，终于恼羞成怒，他伸手舀了一勺粪水向风波恶泼了过去，风波恶没有预料到挑担夫会这样做，被泼了一脸的粪水，盛怒之下，他抬起手掌想要杀了担夫。

可是掌到中途的时候，他却忽然停了下来，之后哈哈一笑，问担夫："老兄，你说我们两人谁更有耐性啊？"担夫不肯示弱，便说道："我挑着粪担，你自然比我占便宜。"风波恶觉得他说得有道理，于是从担夫那里接过粪担，继续跟他耗着。担夫最终还是耗不住了，当他准备退回去的时候，差点儿掉到河里去，幸亏风波恶及时出手拉出了他。最后，风波恶将担夫和粪担放到地上，扬长而去。

在这个故事里，风波恶身负武功，想要杀死那个担夫，简直如同捏死一只蚂蚁一样。可是他却在几乎要失去理智的情况下及时收了手，而且还以德报怨，这才是真正值得我们尊敬的英雄好汉！

很多时候，我们在盛怒之下，因为一时冲动，做出一些不理智的事情来，更可悲的是，我们明明就知道做的事情是不理智的，可是"怒火欲水"如同魔鬼般控制着我们的行为，于是我们做事仍旧不加节制，说话仍然直来直去、不分场合，依然故我地将错就错下去。

在我们的印象中，好像只有没有喜怒哀乐的圣人才是完美的楷模。

其实不然，圣贤也是人，他们同样承载着同凡人一样的喜怒哀乐。圣贤和凡人的区别，就在于他们能够控制内心的浮躁和欲望，即使愤怒、仇恨的情绪在心中蠢蠢欲动之时，他们也能够用自己的理智去加以克制，最终意志力战胜了冲动，邪念也就随之消退了。

所以说，一念之间，人可以变成圣人，也可以变成魔鬼。生活中，有太多的人败给了盛怒之下的冲动，当清醒过来时，已经于事无补了。

在美国弗吉尼亚理工大学，曾发生过一起疯狂的枪击事件。韩国青年赵承熙，由于无法控制蓄积已久的情绪压抑，疯狂地射杀了三十二名师生，而他自己，最终也饮弹自杀了。

这个案件还没有结束，案发后的第四天，美国人做出了出人意料的举动：他们将这三十二个无辜的生命和赵承熙一起葬在了弗尼吉亚理工大学的中央操场上，并祭奠了他们。美国人没有将赵承熙看作一名丧心病狂的杀人凶手，而是从中挖掘出了更深层的意义和力量。这期间，一位美国居民留下一张卡片，上面写着："赵，你小觑了我们的勇气、力量和同情。你虽然令我们感到心碎，但你绝对击不垮我们的精神。经历了这次事件，现在的我们比以前更加坚强，也更为自己自豪。爱，虽然被泪水浸透，却能持久地永恒下去。"

赵承熙本与那些生命无冤无仇，可他却在一念之间将他们杀害，可见在那一刻，他的理智已经完全地被心魔控制，彻底地丧失了本性；而美国人与赵承熙本该仇深似海，最终却选择以宽广博爱的胸怀原谅了他，理智战胜了仇恨的欲望，他们在心底结出了理解和宽容的果实。

这是值得我们学习和深思的。日常生活中，我们无论遇到什么不顺心的事情，或者与人发生激烈严重的争执时，都要保持头脑的清醒，理智地控制自己的行为。同时，我们还要学会宽容别人，以宽容平和之心待人。“海纳百川，有容乃大”，也应该成为我们为人处世的行为准则。

◎思虑不宜过多，多则意乱

斗室中，万虑都捐，说甚画栋飞云，珠帘卷雨；三杯后，一真自得，惟知素琴横月，短笛吟风。

——《菜根谭》

虽然住在斗室之中，可是世间的一切忧愁烦恼全都消散了，还奢望什么雕梁画栋、飞檐入云、珍珠穿成的帘子像雨珠般玲珑的豪华设施呢？三杯老酒下肚，纯真的本性涌出，这时只知道对月弹琴，临风吹笛，雅趣自然无限了。

生活中，我们的烦恼太多，原因就在于思虑过多，成天担心这儿，忧虑那儿，从来没有坦然地面对外界的时候。所以，就算我们住着别墅、开着豪车，有时也会生不如死，十分痛苦，还不如那些蜗居在斗室、喝着薄茶的人来得幸福。能够在逆境之中摒弃烦躁、忧虑之人，是真正地活出了境界的人。就像品茶一样，在孤独的寂静里，品茗养性，提升自己的心境，就算周围的环境很简陋，又能怎么样呢？

《菜根谭》告诉我们，一个人需要断绝思虑，意念专一，只有排除了干扰，让思想听其自然，才能实现一种虚无的境界，才能进入自得其乐的状态。在生活中，具体来说，就是一个人要有高尚的追求，而不是只求物欲的满足。因为人一旦缺乏了正确和高雅的追求，被物欲和焦虑控制住了心神，就会深陷于自暴自弃的状态之中，徒生无穷烦恼。像这样的人，你就是给他金山银山，让他每天享受荣华富贵，他也是不会快乐的。

明朝万历年间，江南有一个丝绸商人，跟东南的夷商做生意，发了不少财，成了当地有名的大富豪。他开了十几家染坊，还有丝织坊，生意很好，风头可谓一时无两。但是不久之后，他却破产了，沦落街头，成了要饭的，上演了一场从天堂跌到地狱的精彩大戏。

一名京官到杭州办事，听说了这件事，很好奇，就问当地人是怎么回事："他不是很有钱吗，现在的丝绸价格节节高升，不存在货卖不出去的问题，为何他一夜之间就成了这副样子呢？"当地人叹口气，把原因讲了出来。

原来，这名商人在生意最兴隆的时候，总是担心明天的生意会不会出问题，消失已久的倭寇会不会再次进入内地骚扰。没几个月，他就因为思虑过甚，得了一场大病。就在他养病的时候，他的丝织生意被自己的好搭档给侵吞了，钱财全部成了他人之物。等他病好，过来一看，傻眼了。在这件事的打击下，他一蹶不振，消极怠世，最后就成了叫花子的一员。

你看，一个思虑过多的人，常常把自己的人生复杂化了。明明现在活得很好，未来很光明，他却总是对过去念念不忘，对未来又忧心忡忡；这样的人，他的人生一定过得瞻前顾后，畏首畏尾，又怎么可能实现心灵的突破呢？

如何才能断绝思虑、寻得内在的自我呢？首先，我们不能太把平时生活工作中的烦恼当回事儿，遇到麻烦时，应该先静下心，想一想，客观地分析利弊，不要夸大问题与劣势，给自己造成心理阴影。像那位商人一样，明明生意很好，他却一味担心还没发生的未来，以致过度忧虑，让自己走上了一条精神恐惧的不归路。

其次，就算问题真的来了，而且性质很严重，我们也应站在积极的角度去思考，去除内在的忧虑。要知道，所谓“危机”，就是危险中蕴藏着机会，再坏的事情也总有转机，就算天塌下来，又能怎么样呢？还不是有个儿高的顶着。只要永远保持乐观豁达的心态，我们的思绪就能够条理清晰，既不会脑袋单纯到了愚蠢的境地，也不会思虑多到了让人焦虑不堪的地步。

◎知足常乐是一种人生境界，一种幸福的活法

人知名位为乐，不知无名无位之乐为最真；人以饥寒为忧，不知不饥不寒之忧为更甚。

——《菜根谭》

世人只知拥有名声和地位是人生的一大乐事，却不知道受到了名声

和地位所累的那种快乐是种忧愁，并非真正的快乐。世人只知挨饿受冻令人忧虑，却不知道那些不愁衣食的人，他们在精神上的空虚和忧愁其实更为痛苦。

老子说："罪莫大于可欲，祸莫大于不知足；咎莫大于欲得。故知足之足，常足。"意思是说：没有比放纵欲望更大的罪恶了，没有比不知满足还大的祸患了；没有比贪得无厌更大的过失了。所以，知道满足的人，永远是觉得快乐的。老子的这种淡泊名利的思想，在时下这个追名逐利的物欲社会，给人的启迪作用是深刻而积极的。

《山海经》里有一个故事：一种生于南海的巴蛇，将一头大象吞了下去，消化了三年，才将大象的骨头吐出来。由这个故事衍化出一个成语——贪心不足蛇吞象。

就像这句成语讲的，现实中有很多人，当一无所有的时候，他们热衷财富和权势，羡慕有钱有势之人，可是当他们通过自己的努力，攀升到一定的社会地位，或者是累积了一定的社会财富时，他们又产生了新的困惑和苦恼，反而会常常回想留恋于当初一无所有时的情境。

有一个朋友，在一家公司担任销售，为人热情厚道，善于跟身边的同事打交道，在工作上踏实肯干，在公司的业绩也是数一数二的。可在公司工作两年了，领导始终没有给他升职，这使他有些郁郁不乐，终于有一天他来找我诉苦，言下之意是想要离开公司，另谋出路。

结果没过几天，他兴冲冲地给我打来电话，说老板给他升职了，他做了销售部的经理，并说这个职位一直是他梦寐以求的，如今总算如愿以偿了。他在电话里表露出来的兴奋之情，不言而喻，我当然也很替他高兴。

可是又过了一些时日，他又带着一脸的颓废之情要我陪他去喝酒。几杯酒下肚，我迷惑地问他为何不高兴，于是他把真相告诉了我：自从那次升职以后，公司的同事不再像以前那样，对他有说有笑了。在交往中，同事们都对他谦恭有礼，但却缺少了之前的那份亲昵，彼此之间宛如隔了一层纱，这使他感觉很不快。

除此之外，他升职做了经理，业务难免更加繁忙，晚上在公司加班更是家常便饭，这就使他忽略了关注家庭，妻子对他通宵达旦的工作感到不满，时时抱怨。他工作压力本就很大，加上妻子的不理解，不免使他肝火旺盛，时常冲妻子发脾气，如此恶性循环，妻子跟他提出了分居……

谁又能想得到，自己当初苦苦追求的梦想，竟然给自己添惹了这么多的麻烦！等到事后再去悔悟，还来得及吗？

在为人处世中，应该存有知足常乐的心态，要善于剖析自我，给自己一个恰当的定位，就像《大学》里说的“止于至善”。

我们需要调节自己内心的情绪和欲望，要懂得自己处于一种什么样的状态和地位才是最完美的，不能好高骛远，这样做起事情来，才可以做到从容而达观。

知足常乐并不等同于安于现状，它是在追求一种和谐、闲适、安逸的生活情调。知足常乐，使人内心豁达，心态开阔，是一种很睿智的积极向上的处世态度，也是现实中的人们很难企及的人生境界。

说起来容易，做起来难。现实生活中，能真正做到“不戚戚于贫贱，不汲汲于富贵”者，庶几人哉！大多数人劳苦终日，何尝不是期待有朝一日升官发财、飞黄腾达？

苏东坡曾写过一首《观棋》诗，其中有两句是：“胜固欣然，败亦可喜。”这两句诗深具哲理，很值得我们去深思和挖掘。其实，人生和下棋也差不多，只要你放宽心胸，做到知足常乐，无愧于内心的那份祥和与恬淡，这局棋的胜负，又有多大意义？

◎粗茶淡饭，也能吃得香甜可口

神酣布被窝中，得天地冲和之气；味足藜羹饭后，识人生淡泊之真。

——《菜根谭》

能够在粗布做成的被褥中酣然入睡的人，自然会得到天地之间的谦和之气；能够香甜地吃着粗茶淡饭的人，才能真正地体会到淡泊人生的真正乐趣。

《论语》中孔子说：“饭疏食饮水，曲肱而枕之，乐亦在其中矣。不义而富且贵，于我如浮云。”意思是说，吃粗粮，喝白水，弯着胳膊当枕头，乐趣也就在这中间了。用不正当的手段得来的富贵，对于我来说就像是天上的浮云一样。

一个人只要内心恬淡冲和，即便一日三餐吃粗茶淡饭，在艰苦的环境中生存，也一定能体会到人生的乐趣。因为他追求的并非物质，而是精神和心灵上的满足和富有，如果内心充实了，物质其实并不是十分重要。

在繁华的都市中生活得久了，我们就会倏然发现，原来人生真正的快乐并不是职场上的步步高升、事业上的丰硕战果、金钱上的日进斗金，也不在于生活品位的高低，而是求得精神上的自由与快乐。

中国历史上，甘于平淡的人为数不多，追名逐利之徒倒是比比皆是，他们常常成群结队，抱团出动。

春秋时期的介子推称得上是一位罕有的淡泊名利的贤士。晋公子重耳因为其父宠妾骊姬的陷害，逃出晋国，从此开始了他的流浪生涯，介子推便是他当时的一个得力助手。逃亡的日子是相当艰难的，甚至常常连饭都吃不上，有一次介子推竟将自己腿上的肉给公子重耳吃。在外逃亡了十九年后，公子重耳才得以返国，并成功坐上晋国君王的宝座。等到此时，公子重耳也就是晋文公要对介子推行赏时，介子推却不肯接受赏赐，带母亲隐居绵山了。晋文公求人心切，下令放火烧山，想要将介子推母子二人逼出来，没有想到直等到三日后火势减熄，才发现母子二人死在树下。

介子推这种“富贵不能淫，贫贱不能移，威武不能屈”的精神，足以令那些追名逐利之士无地自容。

俗话说，平平淡淡才是真。越是平淡的生活，越能领略到人生的乐趣。试想一下，一个人若是拥有亿万的财富，拥有崇高的地位和声望，那么他必定会认识很多朋友。可是，他所结交的朋友，难道都是真心与他倾心相交吗？难道不是冲着他的财富地位来的吗？如果你身边的朋友表面对你一团和气，背地里却暗藏心机，这是多么可悲的一件事啊！

淡泊名利，说起来容易，做起来很难。古往今来，有几个人能参透这四个字？可是，我们仍应该努力做到。因为，只有当你有了这份淡泊之心，才可以在失败面前不屈服、不迷茫，才可以用一种超然万物的心态为人处世。

不以物喜，不以己悲。要让自己不被世俗功利所奴役，不被尘世中的烦恼琐事所影响，就必须拥有一份淡泊之心，让自己的修养和情操得到进一步的升华。

◎可以有追求，但不可无止境地迷恋

钓水，逸事也，尚持生杀之柄；弈棋，清戏也，且动战争之心。可见喜事不如省事之为适，多能不如无能之全真。

——《菜根谭》

静坐于水边垂钓，本来这是一项高雅的活动，然而在这种活动中，我们却手握着对鱼的生杀权力；对坐于桌前下棋，本来是一种正当高雅的娱乐，但是在这娱乐中，却存在着争强好胜的心理。所以，好事就不如无事那样悠闲自在，多才就不如无才那样，方能保全自己的纯真本性。

生命因为有了追求才充满激情，才变得多姿多彩。可是，如果追求的过多，索取的过多，难免会被自己追求的欲望所俘虏。取舍之间，往往就会使人迷失了心智，丧失了自我，因为他提不起放不下，左思右想，被烦恼深深地禁锢住了。

如果眼下有两种生活，一种生活是你有一笔不小的财富，有荣显的地位，但是每天都有做不完的工作，有数不完的应酬，忙得连平时陪家人的时间都没有；另一种生活是你非常平凡，有一份稳定轻松的工作，虽然工资不高，但是足以支撑日常开销，你有一个温馨和睦的家庭，每天下班回家，跟老婆一起做饭，一家人围在饭桌上，这样踏踏实实地生活着。虽不算富足，却悠闲安适，没有交际应酬，没有外人的打扰。若是要你选择其中一种生活，你会选择哪一种呢？

明眼人一看就知道第二种生活是自己所向往、所羡慕的。但是当这两种生活真的摆在他们面前时，他们依然会毫不犹豫地选择第一种。为什么？因为财富、地位这些身外之物，正是他们一生所梦想、所渴望得到的。在赤裸裸的物质面前，他们控制不了自己内心的欲望，他们的心房被功名利禄牢牢锁住了。因此，即便是内心深处向往着第二种生活，但在物质面前，他们却屈从了。

对物质过于热衷的人，即便得到了他所孜孜以求的，内心也不一定会感到安然舒适，时常会被物欲牵绊得无法抽身、不能自拔，身不由己地成为了欲望的奴隶，成为追求物欲的牺牲品。

中国历史上有不计其数的人，为了追求和满足自己的欲望而殒身，其实他们的地位已经相当显赫了，可仍欲壑难填，最终落得个悲惨的结局。

战国时期著名的纵横家苏秦就是个典型的例子。苏秦当时穷困潦倒，身无分文，到了连妻子都不搭理他，嫂子都不接济他的尴尬地步。后来他勤奋努力，昼夜苦读其师鬼谷子传给他的兵法谋篇。有时夜读困倦之时，他便拿一把锥子刺在自己的大腿上，强迫自己清醒过来。皇天不负苦心人，他终于有所成就，游说六国联合起来，共同抵抗暴秦，最终扬名立万，身佩六国相印，位极人臣，地位可谓荣宠无比，显赫已极。可他仍不知满足，居然又在六国之中屡次使用反间计，最终东窗事发，被车裂而死。

苏秦在事业上创造了一番惊人的业绩，这当然是与他自身的努力不可分割的，这是他的一种人生追求。按理说，他追求的目标已经达到了，但却在这个时候，他又做出离间六国的愚蠢行为，确实是可笑、可悲，又可叹！

在我们看来，苏秦混到这步田地，完全是咎由自取。他由一个普通的士子爬到这样荣显的地位，相当不易。然而他却不知满足，欲望越来越强烈，驱使着他向悬崖边一步步迈进，最终堕落在无底的深渊之中。

如果他不涉足政治圈子，只是甘当一名默默无闻的农夫，每天虽然过着平凡而简单的生活，但是起码可以自给自足，身边也没有太多的钩心斗角、尔虞我诈，如此终老，不是一种更为踏实心安的活法吗？

坐溪垂钓，本是件风雅之事，可是当鱼上钩时，它的生死就完全掌握在你的手中了。与人弈棋，也是如此。在尔进我退的杀伐之中，人自然而然地就起了争斗之心，非要置对方于死地而后快。与其如此，还不如不要从事这种活动呢。

无论如何，能够坚守住自我是最重要的，不管你处于怎样的生存环境之下，千万不可本末倒置，为了一点儿蝇头微利，而丧失了自己的良心、自己的本真。当身处逆境之时，不要气馁，要有坚强奋斗、抗争下去的勇气；当一帆风顺之时，也不该被外物迷惑心神，使自己坠入不可自拔的物质深渊中。

◎一个欲壑难填的人，能品味到快乐的滋味吗？

欲其中者，波沸寒潭，山林不见其寂；虚其中者，凉生酷暑，朝市不知其喧。

——《菜根谭》

一个内心充满欲望的人，能够使平静的心湖掀起汹涌波涛，即使住进深山老林也无法平息。一个内心毫无欲望的人，即使在盛夏酷暑的时节，也会感到凉爽，甚至住在闹市，也不会觉得喧嚣。

面对这个喧嚣的世界，只有让自己的心静下来，才是对自我的救赎。而欲望是我们不能心静的根源。精神上的胜利，才是虚心正念的前提；战胜了不切实际的欲望，才是我们得到快乐的基础。

人的精神力量所产生出的作用往往是难以想象的，在我们遇到难以忍受的困难时，它会一直支撑着我们，克服我们内心存在的私欲，使我们的心灵得到释放。

在日本的战国时期，有一个和尚叫快川，由于他触怒了织田信长，织田信长的手下将寺院团团围住，一把火将寺中的僧侣全部烧死了。快川在生命中的最后一刻，口中念了一句佛偈：“安禅不必须山水，灭却心头火自凉。”

佛偈的大意也就是我们经常说的“心静自然凉”。这里快川想表达的具体含义是：因为我没有对欲望的热衷和追求，生死对我来说已经无关紧要，所以我也无所畏惧；反而是你们这些残忍的凶手，你们的内心对名利欲望放不下，你们始终都在痛苦的挣扎中度日，永远不会感受到人生的快乐。

“戊戌六君子”之首的谭嗣同，在国家面临危难之时，不愿苟且偷生，在顽固势力面前绝不低头，始终镇定自若，虽然最终牺牲了，然而虽死犹荣，他的事迹名垂千古，百世流芳，他的精神始终留存在人们心中。正是由于他当时胸怀崇高的理想和信念，所以才能够临危不惧，面对生死傲然一笑，淡然处之。中国不乏一些有道高僧，他们为了传播信仰，忍人之所不能忍的艰苦磨难，为了实现目标，他们丝毫不计较个人得失。正是因为他们内心的纯净和对信念的追求，才铸就了这种坚忍不拔的毅力。

试想一下，假如这些人不能虚心正念，而是心存世俗之欲，怕吃苦，怕受罪，怎么可能实现这些伟业，从而青史留名呢？他们无欲则刚、心静而平，正是我们学习的榜样。

如果一个人心术不正，就不能控制住自己内心对物欲的渴求，他即便是离开繁华的都市，归隐到幽静的深山老林中，身体就算得到片刻的安宁，但是心中的欲望仍在作祟，就如同滚烫的沸水一样，令人烦躁不堪。所以，周遭寂静的环境对他来说全无用处。反之，一个人若是心中一团正气，心中别无杂念，那么他整个人都会精神抖擞。即便是在盛夏酷暑之中，他也不会觉得烦躁；即便是车马喧嚣在侧，他心中也不会起一丝波澜。

我们要做的只是改变现在浮躁的心态，抹平不必要的冲动。倘若没有遇事不乱、镇定自若的品性，我们何以面对这个纷杂的世界？心中常乱，又怎么能冷静处事呢？

◎从思想上根除功利的顽疾

名根未拔者，纵轻千乘甘一瓢，总堕尘情；客气未融者，虽泽四海利万世，终为剩技。

——《菜根谭》

没有在内心彻底拔除功利思想的人，即使他轻视富贵荣华而甘愿过清苦生活，终究也无法逃脱名利与世俗的诱惑；一个受外力的影响而不能在内心加以化解的人，即使他的恩泽广播于四海以至留传万世，说到底，也不过是一种多余的伎俩。

能将功名利禄全抛下，不因名利所诱，不为世俗所惑，我们往往将这样的人称为隐士。真正的隐士，是清贫的，是豁达的，也是自由的。真正的隐士，要有甘于淡泊的心境，不为外界的繁华与纷扰所左右。既做隐士，又要争头筹，难免落于俗套。

当今娱乐圈有个奇怪的现象，频传某某明星退隐，又总有某某明星复出的消息。在经历了娱乐圈的浮华与喧嚣之后，明星们也许会对圈外的宁静与安逸充满了向往，于是信誓旦旦地向公众宣告，从此退出娱乐圈。然而，细数一下，真正隐退而不再复出的明星又有几人呢？

当年的香港玉女掌门人周惠敏退隐八年后悄然回归；嫁为人妇的张柏芝声称为了家庭放弃事业，然而她的身影又何曾彻底在观众的视线前消失呢？有人说，她复出不是为了钱；有人说，她复出不是为了名。且不论言论之真伪，归结到一个本源，便是功利之根未除尽。看到别人火了，就心有不甘；感觉生活乏味了，便蠢蠢欲动。

我喜欢看金庸小说，而金庸小说的结局大多是男女主角携手归隐，退出江湖。明教教主张无忌甘愿为赵敏一生画眉；杨过十六年后与小龙女再次重逢后便绝迹江湖，再难寻觅侠踪；连于朝堂之上叱咤风云的红人韦小宝最终也选择散尽家财携美而归。可见，不论身份地位，只要摒弃尘心，便能于真隐中见大自然。

有“隐逸诗人之宗”之称的陶渊明，自幼深受儒家思想的影响，他崇尚自由、心态闲适，最终挂官归隐，躬耕于田园，寄情于山水，成为了一段佳话。范蠡襄助越王勾践一举灭吴后，便不顾勾践苦留，全身而退，潜心经商，成为了后来的陶朱公。在他们隐退时期，亦有不少人三顾其庐，劝其出仕为官，然则，真隐士是不会被功名利禄所诱惑的。

纵观古今，唐代大批文人为求朝廷赏识而故作隐士之态隐匿终南山，他们的“隐”，本身不过是一种噱头，只是为了谋取更大的名与利，这种沽名钓誉的“作秀”的姿态，真正地为人所不齿。

◎抱朴守拙，甘于淡泊，才能获得心灵的自由

宁守浑噩而黜聪明，留些正气还天地；宁谢纷华而甘淡泊，遗个清名在乾坤。

——《菜根谭》

宁可保持纯朴和毫无机诈的本性，屏除后天的聪明才智，也要保留一点儿浩然正气，回馈孕育了自己灵性的大自然；宁可抛弃俗世的荣华富贵，去过清虚恬静的生活，也要给自己留一个纯洁高尚的美名，回馈孕育了人之本性的天地。

所谓的抱朴守拙，就是告诉我们要抱守本真，不要为自己的私欲所迷惑。在这样的基础之上，或许还能保持最初的纯真、朴实、秉直和憨厚。

在这个世界中，人人都在渴求着财富、地位、权势，追求物质上的满足。然而，当我们面临这些诱惑的时候，就应该提醒自己，一定要在欲望的诱惑下坚持自己的本性。哪怕身处污浊不堪的环境，也要本着一种出淤泥而不染的生活态度去应对各种挑战，不迷失自己的本真。否则，我们很容易被这些欲望吞噬，想想看，如果心灵与肉体分离，那与行尸走肉又有何异?

现实生活中，有些人自以为有点儿小聪明，便偷奸耍滑，不思进取，向堕落的深渊一步一步地迈进。在工作中浑浑噩噩地度日，只要没有领导的督促，就得过且过，总是以一种敷衍了事的心态工作。如果总

是如此，不难想象他的业绩会是什么样子。生活中也喜欢占点儿小便宜，为了自己的利益不择手段。这样的人，并不是真正的聪明，不仅不是聪明人，反而是不折不扣的蠢蛋！

试想一下，如果工作态度不认真，对工作毫无责任心，一次两次也许能蒙混过关，时间一长，就跟滥竽充数的南郭先生一样，迟早都会被发现。这样的人，被公司扫地出门，那是迟早的事。

在工作和生活中，你心中需要有一股正气，有一颗纯朴无瑕的内心。这样才能使自己不至于活得太累，从心灵上得到解脱和自由。

《孟子》中有这么一段对话，翻译成白话文大致如下。

公孙丑问孟子道："先生，您最擅长的是什么呢？"

孟子回答道："我善于培养自己的浩然之气。"

公孙丑又问："那么什么叫浩然之气呢？"

孟子道："这是一种气，也是一股气魄浩大的力量，如果你用正义来培养它，它就会充塞于天地之间。可是，它还须与道德相配合，否则就会缺乏力量。"

按照孟子的理论，在中国历史上，苏武便该是一位胸怀浩然正气之人了。公元前100年，苏武奉命出使匈奴，不幸被匈奴扣留。匈奴单于向他威逼利诱，许以高官厚禄，但均被他断然拒绝。匈奴单于无计可施，恼羞成怒之下，将苏武流放至北海。在冰天雪地的苦寒之地，在缺吃少穿的恶劣环境中，苏武整整度过了十九个春秋。

当时，素来与苏武交厚的李陵在被匈奴俘虏之后，很快就投降变节了。于是单于命李陵去北海劝降苏武，李陵对其一番"晓以大义"之后，苏武仍不改其志，并说："我的家族世代受朝廷隆恩，如今正是我报答朝廷的时候，即使斧钺加身，我也甘之如饴！”

与李陵相比，苏武的这份坚守，是否太过愚忠了？是否太不值得了？

事实上，苏武所坚守的，是春秋大义，是一股浩然正气，正因如此，他得以名垂青史，受到后人的万世景仰！

现实社会中，人们逐渐变得“聪明”起来，而这些所谓的“聪明”，很多时候是一些投机倒把的恶劣手段。人们把基本的道德底线遗忘在利益之后，沦丧了价值观，忽略了心灵的抗议，在竞相追逐名利的道路上利欲熏心，忘乎所以。这样污浊烦累的生活，难道会比粗茶淡饭、平淡温和的生活更幸福吗？

欲望时刻扼住生命的喉咙，唯有清心寡欲，才能正确客观地审视自己、驾驭自己。欲望源起于我们自身，在这些欲望之下，我们逼迫自己成熟理智、深藏城府……而这些，恰恰是我们痛苦的根源。

老子就主张人应该寡欲、节欲，他认为，一个人如果能够坚守住淡泊虚静的心境，就能够在体道、观道、悟道的道路上笃行不止；而圣人如果能够控制欲望，就可以治理全天下。而对我们来讲，如果能够节制自己的欲望，坚守那一份坦然和率真，那么，就能够获得心灵的自由。

第三章 淡定的最高境界

○不要以个人得失来定成败，因为没有谁会是永远的失败者。要找准自己的位置。胜不骄、败不馁，时刻保持一颗积极向上的心，这才是幸福的基础。

○凡事有好便有坏，不可患得患失，应淡然处之。有舍即有得，能将得失淡然处之，笑看云卷云舒，便可视为大成。参透一切，便能够摆脱烦恼，起码不会陷入不能自拔之中。

○内心的宁静与闲适只有通过修炼才能获得，内心通透澄澈就可以让自己保持纯净的状态，内心宁静便可驱逐无谓的烦恼。

○世间的种种烦恼，都是由自己的心制造出来的，心中无事，就可真正无事。什么功名利禄皆是身外之物，拥有长远的眼光和拿得起、放得下的气魄才不至于为名利所累。

○面对物欲横流的社会，我们一定要找准自己的定位，知道自己是谁。定期对自己进行全方位的审视，时刻保持清醒的状态。

○精神世界是完完全全属于自己的，我们应该提升自己的精神境界，在事业上不停奋斗，在生活上却要尽量简朴，培养恬淡与寡欲的心态，才能得到真正的安乐。

◎心态决定状态

延促由于一念，宽窄系之寸心。故机闲者一日遥于千古，意宽者斗室广于两间。

——《菜根谭》

时间的长短多半是出于心里所念想的感觉，空间的宽窄多半是基于心中不同的观念。所以只要把握时机，懂得忙中偷闲，即使是一天的时间也要比千年还漫长；只要自身的心胸旷达，即使是一间小小的陋室，也如同天地般宽广。

古时候，宋国有一个人喜欢养猴子，养的猴子成群结队，数量很多。所以，他很了解猴子的习性。这位老先生太爱猴子了，所以宁愿减少自己家人的口粮，也要满足猴子的食欲。但是猴子太多，家里的粮食也快吃完了，他想要控制猴子的口粮，于是就和猴子商量说："我早上喂你们三颗橡树的果实，晚上喂你们四颗，这样可以吗？"

这帮猢狲很生气，一个个张牙舞爪地都跳了起来。过了一会儿，老先生又对它们说："那我早上给你们四颗，晚上给你们三颗，这样行吗？"猢狲们听后很开心，一个个都温顺地趴在地上了。量还是同样的量，但是朝三而暮四，猴子就不知满足；朝四而暮三，猴子便很满足，而且很开心。

在现实生活里，我们其实也常常怀有猴子的心理。事实上，看似描述的是猴子，其实暗喻的就是人。

同样是一天二十四个小时，有人觉得过起来太快，而有人觉得过起来太慢。同一项工作，有人做起来觉得轻松自如，游刃有余；而有人做起来就觉得艰巨繁重，力不从心。同一本书，有人读起来兴致盎然，而有人读起来就觉得枯燥无味。

其实说白了，这就是我们心态的问题。当我们做事的时候，对这件事的心态指导着我们的行为方式。如果心态是积极健康的，我们就可以应付自如，圆转如意；如果心态上存有抵触或排斥情绪，那么那件事就不可能做好。

譬如当你在工作中时，你若是将属于自己的工作当作一种游戏，当成一种兴趣爱好，你肯定能将自己工作做得很好；但是你若只是单纯地将工作视为领导委派给你的任务，是你不得不去完成的，被动地做这项工作，消极怠慢的心态油然而生，心里只是想着能敷衍过去就行了。这样的话，你觉得工作能做好吗？

《列子·说符》中有一个故事：有个叫爰旌目的人，计划到一个很远的地方去，中途饿倒了。狐父境内有一个叫丘的盗贼接济了他，给他饮食。等他睁开眼睛醒来，问救自己的人是做什么的。狐父丘将自己的身份告诉了他。爰旌目很生气地说："你是强盗，为什么还要拿饭给我吃呢？"于是双手撑在地上努力地想把食物呕吐出来，可怎么也吐不出来，他喉咙里咯咯作响，趴在地上死去了。

列子在文中总结了这么一句话："狐父之人则盗矣，而食非盗。以人之盗，因谓食为盗而不敢食，是失名实者也。"就是说：狐父境内是有强盗，但是你吃的东西不是强盗啊！因为有人做了强盗，就认为自己吃的东西就是"强盗"，因而不敢吃东西，这就是错误地对待名称和实质啊。

在我们看来，爰旌目实在是太过迂腐了，他的迂腐实则来源于他的心态，心态没有做好准备，行为受到不良心态的控制，最终导致饿死途中的结局。

这个故事对我们的启发是：做事情之前，调整好自己的心态是很重要的，它是我们做事的基本依据和思想指导。心态若是没有摆正，做事往往会缚手缚脚，虽不至于像爰旌目一样拘泥死板，但多多少少总会受到影响。

我们在生活中，常常听到别人说"这个人看得很开"之类的话。看得开，就是心态调节得好。保持良好的心态，我们才可以做到从容闲适，静悟达观，即使遇到危急之事，也能随机应变。

◎心胸要豁达，不可偏于狭隘

心旷则万钟如瓦缶，心隘则一发似车轮。

——《菜根谭》

在那些心胸旷达的人眼中，高官厚禄就像不值钱的瓦罐那样没有任何价值，更无用武之处；而心胸狭隘的人，即使是如发丝的细小利益，他们也会将其看成如车轮那样大，你争我抢，一点儿都不肯放手。

《菜根谭》告诉我们，只要看看自己的心胸有多大，你的梦想就会有多大。所谓豁达之人，做什么都能如鱼得水，天地对于他们来说无比宽广；斤斤计较的人，即便去经营一亩三分地，也会因为自己的唯利是图，困死在蓝天之下。“万种一发，存乎一心”，说的就是这种做人和做事的道理。

《韩诗内传》中记载了这样一个故事：孔子的学生子贡问孔子，谁才是国家之栋梁。孔子就对他说了两个人，一个是齐国的鲍叔牙，另一个则是郑国大臣子皮。这两个人都以善于推荐人才而著称于世，至于他们的治国本领，倒并非多么卓越出众。于是子贡进一步问：“照您这么说，会推荐人才的人，反而比拥有真正才能的人更加伟大了？”孔子回答他道：“具有知人善任的眼光，这是一种智慧；向君主大力推荐人才，这是一种仁爱；而至于不嫉贤妒能，这是一种很难得的义气。此三者都具备了，怎么能不称得上伟大呢？”而三国时期，人称“水镜先生”的司马徽，也是一位独具慧眼的贤德之士，在他的举荐之下，三国的历史舞台上，两颗最为耀眼的新星横空出世——卧龙孔明和凤雏庞统。

这位忠厚长者司马徽在针砭人物的时候，只会说人家的好处，闭口不言其坏处，即便是把他家的猪给顺了，他也满不在乎。正因为他有如此的胸襟和度量，不与别人斤斤计较，所以才被人冠以“水镜先生”的雅号。

齐桓公在听到鲍叔牙的推荐之后，对管仲大加重用，将他任命为相国，最终成就了他“九合诸侯，一匡天下”的霸业；郑国因子皮推荐子产，子产担任相国后的三年来，举国上下夜不闭户，路不拾遗，后来的二十二年，官吏清正，国泰民安。

一个人若想要取得成功，首先应当具备的基本品质就该是心胸豁达。因为只有当你心胸开阔，不为蝇营狗苟之事而斤斤计较，人们才愿意同你相处，你的朋友才会渐渐地多起来，这样你的人脉就自然而然地积累起来了。同时，当你在面临一些困难和坎坷时，如果你胸襟阔达，万事不萦于怀，遇事做到先淡然处之，然后再寻求正确的解决方法，那么任何问题都可以迎刃而解。

俗话说：“宰相肚里能撑船。”这句话说的正是宋朝名相王安石。王安石在中年丧妻之后，又纳了一个如花似玉的妙龄少女做妾。可是王安石整日周旋于公务，也无暇去多体贴爱妾，而那位刚纳进门来的美妾正值青春年少，独守空闺，自然郁郁寡欢，于是渐渐与府中的一个年轻仆人产生了私情。纸总是包不住火的，王安石闻听此事后心生一计，他谎称上朝，中途又返回家中。当天晚上，他在爱妾的卧室外窥察动静，果然不出所料，那仆人正与妻子调情。他本想捉奸在床，但转念一想，自己身为宰相，与自己的爱妾动怒实在犯不上。

后来他又想了想，自己已经年过花甲，而自己的爱妾正值青春年华，偷情之事原本是情有可原的，于是他做了一个很豁达的决定，命爱妾与那男仆成亲，并以千两白银相赠，令他们二人安安稳稳地过日子。王安石这种宽宏大量的胸襟和气魄确实令人敬佩。因此这句俗语便在坊间流传开来。

胸怀旷达，宽以待人，这是一种为人处世的智慧。有雄心抱负的人，他必须要有一个容人的度量，不可计较眼前一时的得失，对于自己个人的荣辱也应平淡视之。

《菜根谭》中还说：“不责人小过，不发人阴私，不念人旧恶。三者可以养德，亦可以远害。”你要懂得宽容他人就是善待自己的道理，静时常思己过，闲谈莫论人非。对人宽容，有怀人之雅量，如此人际关系渐渐地建立起来了，你才能在为人处世的过程中得以立足。随着人际交往的圈子的扩大，我们得到的帮助也会越来越多，然后再通过自己的努力，实现自己的抱负。

◎快乐需要有健康乐观的心态

疾风怒雨，禽鸟戚戚；霁日光风，草木欣欣。可见天地不可一日无和气，人心不可一日无喜神。

——《菜根谭》

狂风暴雨的天气，即使飞鸟也会感到忧伤与哀戚；风和日丽的时候，即使草木也会欣欣向荣；由此可见，天地之间不可一日没有祥和的天气，而人也不能一天没有喜悦的精神。

人需要平和与乐观，心情不好，做什么事都缺乏热情，总是充满悲观的情绪，于是事情就越发糟糕。但是，人们心情的好坏，往往很容易就会被所处的客观环境所左右。在工作中，人的心情是非常重要的，这也直接决定了我们的工作态度。

譬如说，一个人在工作中春风得意，一切事情推进得都顺风顺水，他能够取得上司的信任和支持，在同事之间也赢得了敬佩赞许的目光。那么，相信他一定会对这份工作充满激情和活力，若是这种激情澎湃的工作态度一直持续下去，可能在不久的将来，他会迎来自己事业上的高峰。

这固然是好事！然而，如果恰恰相反，他在工作中遇到诸多不顺意的事情，而自己的抱负又得不到施展，结果会是如何呢？

结果可能会是他因此而心情低落，内心沮丧、颓废，自伤自怜，整日愁眉苦脸，即使遇见上司和同事，也笑容僵硬、举止麻木，甚至会躲在角落里自我封闭，产生一种强烈的自卑感。而对于工作本身，自然提不起任何兴致，甚至会产生厌烦心理。

如此下去，他又怎么可能会成功？一个对工作没有激情的人，他怎么能做好这份工作？

事实上，这是一种很不健康的心态。

对于同一件事物，不同心态的人，会有不同的见解和看法。

举个很简单的例子，古代许多文人墨客，都喜欢将寒秋时节写入诗词歌赋中去，作为抒发自己内心情怀的一种情境。杜甫诗云："风急天高猿啸哀，渚清沙白鸟飞回。无边落木萧萧下，不尽长江滚滚来。万里悲秋常作客，百年多病独登台。艰难苦恨繁霜鬓，潦倒新停浊酒杯。"而同为诗人的刘禹锡却说："自古逢秋悲寂寥，我言秋日胜春朝。晴空一鹤排云上，便引诗情到碧霄。"

秋天，本是一种客观存在的自然现象，无所谓悲，亦无所谓喜。然而为何两位诗人对秋日却有不同的心境？

其实说白了，这又何尝不是心态的问题呢？

这又不禁令我们联想到《六祖坛经》里的两首佛偈，五祖弘忍禅师的大弟子神秀作偈云："身是菩提树，心如明镜台。时时勤拂拭，勿使惹尘埃。"而六祖慧能却给出一种截然不同的观点："菩提本无树，明镜亦非台。本来无一物，何处惹尘埃。"

明万历年间有位大才子——周清原，书中记载他"闲气所钟，才情浩瀚，博物洽闻，举世无两"，就这么一位有才情的人，最后却落得"怀才不遇，蹭蹬厄穷，而至愿为优伶，手琵琶以求知于世，且愿生生世世为一目不识丁之人"的下场。

周清原境遇，自然是可悲可怜的，亦值得我们去惋惜和同情。但是，对他自己而言，他是否想到昔年韩信所受的胯下之辱？他是否扪心自问：自己是不是过于恃才傲物，是否太过盛气凌人了？

一旦经受一些挫折和失败，受到一点儿委屈，便自怨自艾，怨天尤人，抱怨社会不公，觉得自己怀才不遇，这是一种很极端的心态和认识。如果不能及时调整好自己的这种心态，我想，不管多有才华的人也会和周清原一样。

可见天地不可一日无和气，人心不可一日无喜神。

人非圣贤，喜怒哀乐源自人的本性，是人感情的发泄与自然抒发，心情又岂能每天都快快乐乐的？其关键还是在于心态上的调节。

当你在事业上如鱼得水的时候，应摆好自己的心态，防止内心的膨胀，而且更应该克勤克俭、兢兢业业地做好自己的本职工作。唯有如此，你才有可能取得更大的成就！

当你工作不顺心的时候，为何不先检讨一下自己，是否自己没有尽心尽力，是否应该做得更加出色一些。如果问心无愧，你又何必自寻苦恼，给自己添堵？如果你努力拼搏、不断向上、积极进取，那么你迟早也会成功的！

记住这句话：宠辱不惊，看庭前花开花落；去留无意，望天空云卷云舒。

◎取舍之间要保持平和的心态

天地中万物，人伦中万情，世界中万事，以俗眼观，纷纷各异；以道眼观，种种是常，何须分别，何须取舍。

——《菜根谭》

天地间的万物，人和人之间错综复杂的感情，以及世上不断发生的各种事情，如果用世俗的眼光观察，就会感觉变幻不定，让人头晕目眩；如果用超世俗的眼光去观察，就会发现其本质是永恒不变的。可见，不论对人、对物、对事，只要以一种大公无私的平等态度去对待，又何须有分别和有所取舍呢？

尽可能客观地评价事物，以及尽量公正地、不戴有色眼镜地去对待人和事，是《菜根谭》倡导的为人处世的智慧。因为事物总是发展和多变的，而人们对于客观事物的认识也总有个人的局限性，这就使得结果常常偏离自己的预期，具有很大的不确定性。在这个过程中，很多人看不透其中的规律，就会觉得不能接受。实际上，当你有取舍地去判断事物时，只根据自己的需要去制订对错的标准时，你的生活就陷入到无穷无尽的烦恼中。

对待生活也不例外，每个人都需要修养心性，做到心静自然凉，稳定情绪，修得一个定字。因为情绪稳定了，才能心静，心静才能心安，心安了，才能客观地思考，得到最接近正确的判断，而不是冲动和盲动地去断定一件事情的对错、一个人的是非，以及自己的生活状态是否合理。《菜根谭》在这里告诉我们，不凡和庸俗的真正差别，主要就在于能否分辨出事物的真假，而我们要做的，就是从复杂多变的俗世中，找到自己真正的取舍。

台湾有一位企业家，二十几岁就跑码头，身无分文地创业，经过十几年的奋斗，打造了一家拥有几十亿元资产的大型公司。作为一个人来说，他的人生可谓相当精彩，事业家庭双丰收。他野心勃勃地准备让自己的事业更上一层楼，但就在这时，一个坏消息传来，他患上了一种痛苦的慢性疾病，而且很难治愈。

上天真是不公！起初，他愤愤不平地这样想：像我这么优秀的人，竟然让我如此不幸！医生这时告诉他，需要做出取舍了，要么暂时离开自己的事业，全力治病；要么就维持现状，在事业上放手拼搏。选择权在自己手里。经过痛苦的思想斗争，他最终选择了前者，放平了心态，去接受治疗了。虽然事业遭遇了低谷期，但个人却有了恢复健康的机会。

这个故事告诉我们，对于上帝来说，每个人都是没有差别的，不管你的社会地位是高贵还是普通。客观来说，人与人都在一个水平线上，大家都是父母生的，谁比谁更强呢？就算暂时在财富和名声上分出了高低，也只是后天努力和不同环境作用的结果，但是人们彼此之间在人格上，仍然是平等的，没有什么谁高谁低的必然性。

生活中，不管是作为有地位、有名声、有财富的人，还是作为一个普普通通的人，都要让自己时刻拥有这样的心态，不要有差别地看待自己和他人，以及外界的事物。就像长江和黄河，长江水清，黄河水浊，看起来虽是不同的，可最终都会流入大海，没有例外。

生命有着各种各种的活法，无论你遭遇到了什么，都应该坚信这一点。只要保持自己思考的能力和心理上的定力，客观公正地看待万事万物，就可以避免在眼花缭乱之下，丧失了理性，做出有违常理和客观事实的判断。

◎看破一切，万物不萦于怀

忙处不乱性，须闲处心神养得清；死时不动心，须生时事物看得破。

——《菜根谭》

在事务繁忙的时候，要想保持冷静的头脑，不至于乱了方寸，我们就必须在平时培养清晰敏捷的心神；要想在面对死亡时不产生畏惧和恐慌之心，我们就必须在活着的时候对人生有所参悟，能够看破内在的规律。

对一个参悟了人生的真正的智者来说，什么是真正高贵的品格呢？自信但不能自大，乐观但不能盲目；生于忧患，死于安乐，每分每秒，都要对未来有所准备，才能临危不乱。

山重水复疑无路，柳暗花明又一村。乐观豁达的人总是认为车到山前必有路。但是，尽管眼前有可能出现了一条路，那也是一条你不熟悉的路，你不知道它会通向何方。而且，这条路上还有可能荆棘密布，泥泞不堪。甚至，这条路会将你带进一条死胡同里，等你骤然发觉，想要返回原点时，已经迷失了方向。这个时候，你是否就应该想一想，为什么在山穷水尽之前，没有好好地思考方向与对策。

诚然，乐观的确是一种很优秀的品质，但是乐观并不意味着不思进取、浑浑噩噩地生活着。而是当你在面临重大的困难和挫折时，用乐观的情绪来振作自己，使自己免于沉沦。所谓的“生于忧患，死于安乐”，是一种未雨绸缪的人生态度。须知事物是在不断地发展与变化的，如果一味地沉湎于安乐舒适的享受中，说不定哪一天当忧患来临了，你会因猝不及防而束手无策。

“忙处不乱性，须闲处心神养得清”，意思是说在你忙碌的时候能够做到安稳如山、不急不躁，正是因为在清闲的时候，时时保持着清醒的头脑。然而现实中的人们往往意识不到这一点，闲暇之时，他们往往会游山玩水，恣情玩乐。等到大难来临时，他们才仿佛从梦中惊醒，变得手足无措，完全不知道如何应对。车到山前必有路是不假，可是那条路，在你根本不熟悉路况的情形下也会变得愈加艰难曲折，这又是何等的可悲！

“死时不动心，须生时事物看得透”则是说若要做到在死亡面前临危不惧，就必须要在平时参透人生。对于生死之事，很多人会发出自己的感悟，可是真正能大彻大悟的，庶几人哉！

《菜根谭》中还有句名言：“厌名利之谈者，未必尽忘名利之情。”即使再英明睿智的人，在死亡面前，也会感到彷徨和恐惧。中国古代的君主们开口闭口都是“家国天下”，不难想象，在他们的心目中，自己的皇权地位，永远比黎民百姓重要得多。当“家”与“国”两者不能兼得时，必先保“家”而置“国”于不顾。因此，历史上有很多皇帝，明明知道太子昏庸无能，根本没有治国的本领，可依然传位于他，什么江山的稳固，什么黎民百姓的福祉，统统不管不顾。这样的人，怎么能够真正地参悟生死呢？

孟子说：“生于忧患，死于安乐。”

的确如此，人在逆境中生存，长期与艰难困苦为伍，会自然而然地产生抗争之心，从而会磨炼出一种坚强的意志和持之以恒的毅力。拥有这种意志和毅力，做任何事情都会成功，因为任何困难和挫折都不会使他屈服，也都打不垮他。

然而，人如果长期在安逸的环境中成长与生活，就会变得不思进取，没有危机意识。那些习惯了吃喝玩乐、锦衣玉食的纨绔子弟，平时只贪图享受，胸中毫无学问策略，更不要说顽强的斗志，等到大祸临头的时候，才猛然发觉自己遇到了麻烦，但是在安逸舒适的环境中待得久了，便产生了一种惰性，性格也变得懦弱，做起事来有心无力，因而也就容易被突如其来的灾祸压垮，最终导致可悲的结局。

因此，如果要做到像《菜根谭》中所说的那样，忙处不乱性，死时不动心。你就得学会多从艰难困苦中磨炼自己，激发自己的潜力，做到临危不惧，处之泰然；还要在一帆风顺的生活下居安思危，不要为安逸闲适的环境所俘虏，要做到不沉湎在其中，学会时时培养自己的能力，这样的话，即便遭遇困境，也都可以坦然应对。

◎摆脱烦恼的绝佳策略——致虚极，守静笃

耳根如飙谷传声，过而不留，则是非俱谢；心境如月池侵色，空而不著，则物我两忘。

——《菜根谭》

对于所听到的事情，都要像大风吹过山谷所发出的声音那样，什么都没留下，这样就没有是非的打扰；对于所思虑的事情，要像清潭中月亮的倒影那样，让它无法长驻，这样就会更加超脱了。

生活中，每当听到周围的一些闲言碎语的时候，我们就会感觉不舒服，心情抑郁。如果针对的是自己，那就更加烦恼，甚至会怒不可遏，急欲跟人去理论、去争吵。可是，争吵过后呢？还不是会烦上加烦？胸中的闷气无处发泄，最终受到伤害的，还是自己的身心健康。况且，没人愿意跟一个怨气冲天的人打交道，人际关系陷入恶性循环，更加让自

己腹背受敌，几头受气。

其实，只要自己无愧于心，又何必在乎别人的非议呢？对于他人的无端指责，我们根本不需要去争辩，就像大风吹过山谷，却什么都没有留下，我们如果能以这样的心态去面对流言蜚语，就可以减少许多烦恼。一个人能做到超脱于琐事，平淡地去看待遇到的问题，那么就会感到很轻松、很快乐！

在远古的尧舜时代，许由是一位德高望重的贤人，帝尧在退位的时候，听说了他的贤德之后，想要将帝位禅让给他，不料他听说了这个消息以后，坚辞不就，跑到颍川的水滨，以水洗耳，随即隐遁山林，成为了中国隐士的开山祖师。

许由的举动现在看来有点儿令人发笑。他觉得听到了侮辱自己耳朵的言语，心里觉得烦恼，所以赶紧去洗耳，表示这些话自己没有听到。我们从中自然可以看出他高洁的操守，但是也不禁要问，真的有必要这么做吗？这种做法是否显得太过做作？如果一个人的内心澄清，不受外物熏染，又何必对这样一件小事耿耿于怀呢！

我们想要摆脱烦恼，保持内心的虚静，就应该将不想听到的，或者是不该听到的尽快忘却。佛家讲究“六根清净”，所谓“六根”指的是眼、耳、鼻、舌、身、意六种感官，通过严格要求自己，使自己不受外界的诱惑，从而达到“四大皆空”的境界。

所以，当我们在听到一些流言蜚语，或者是一些污秽不堪的话时，我们应该及时摒弃，不去听，不去信，不受其蛊惑。在努力提高自身修养的同时，磨炼自己的意志，控制自己内心的欲望。只有这样，我们才能达到古人所说的“空而不着，物我两忘”的境界。

在这个世界上，有很多人一遇到挫折和困难，就觉得十分痛苦，认为自己走上了绝路。可是，他们不知道，所谓的“绝路”，只是表明这条路并不适合自己行走，他们大可另辟蹊径，走出困境。世上没有哪一个人是会永远一帆风顺的，其实遇到挫折并不可怕，可怕的是你自己内心深处变得软弱，已经失去斗志了。

“行到水穷处，坐看云起时。”这两句诗颇富禅机，当一个人山穷水尽的时候，抬眼望望天空上的云起云落，另有一番迥然而异的畅怀。当遇到逆境的时候，只有先将心中的苦恼和沮丧排除，才可静思如何走出困境，如何在危机中发现生机。

庄子追求一种“逍遥”的人生境界，所谓逍遥，也就是说自己的精神绝不会被外界所束缚，一种完全超脱于万物之外的精神状态。可是，在当下这个时代，我们无法做到真正的“逍遥”，只能时刻提醒自己，不要因一时的失意或坎坷而丧失重新来过的信心，要学会坚强地面对现在与未来。

◎心中无事即身闲

> 喜寂厌喧者，往往避人以求静。不知意在无人，便成我相，心着于静，便是动根。如何到得人我一空、动静两忘的境界。
>
> ——《菜根谭》

避开人群以求安静的人们并不知道，刻意地想要忘记他人和萦绕在周围的事物和烦恼，其实还是执着于自己，若是内心保持执着安静，外界再躁动也打扰不了。如此刻意而为又怎么能够达到六根清净、浑然忘我的幽静境界呢？

生活中有很多人，他们在充满诱惑的物质面前，心中忍不住产生悸动。他们试图摆脱内心躁动不安的情绪，让紊乱的内心平静下来，于是离开汹涌的人潮，刻意地忘记身边的人和事。可是，尽管如此，他们仍无法真正地安静下来，心若不执着于安静，外界的环境即便再安静、再恬淡，也仍然摆脱不了内心的狂热与浮躁。如果一个人的内心执着于安静，心无杂念，那么无论他在何种环境之中，都可以达到悠然忘我的境界。

东晋著名的文学家陶渊明，辞官退隐，从此安身立命于田园之间。他曾经写下不少脍炙人口的田园诗，他的诗章平淡自然、洒脱率真，流露出物我两忘的畅怀与悠然散淡的闲适。

他在《与子俨等疏》中，说自己“少学琴书，偶爱闲静，开卷有得，便欣然忘食。见树木交荫，时鸟变声，亦复欢然有喜”。令人在今日读来，也不禁对这位心境澄明的大诗人心生艳羡之情。

而今天，面对喧嚣躁动的都市，熙熙攘攘的人潮，功名利禄的诱惑，很多人陷入深深的困惑和苦恼，他们试图摆脱并逃离这样的生存环境和生活方式。为了寻求内心的宁静和自由，他们开始孤立一隅，刻意地与外界隔离开，减少跟周围人群的交往，但却发现，不但没有获得真正的宁静与自由，反而与原本熟悉亲切的朋友产生了隔阂，自己的性格也变得更加内向，心情常常陷入抑郁之中，工作和生活都受到严重干扰。

人处在社会中，就不可避免地要和周围的人和事打交道，否则我们的生活和工作从何而来呢？因此我们注定不能离群索居，一个人踽踽独行，遗世而独立只不过是一种幻想罢了。人一旦脱离了这个世界，最大的可能不是获得自由，而是自我遗失，这样对于我们而言，处境是十分危险的。

内心的宁静与闲适，并非是通过外界的途径而获得的，而是植根于自我的内在啊。

但是很多人往往不晓得这个道理，他们并不是从自己的内心出发，没有自我审视的意识，其实只要时时反省自身，对金钱、地位、美色有着清醒认识，内心自然会干净纯洁，即使在极为恶劣的环境中，仍然可以保持良好的德行和操守。

《金刚经》开篇第一品《法会因由分》，先不开宗明义，而是介绍佛陀的一些生活起居，譬如着衣持钵、入城乞食、饭罢洗脚之类。许多初研佛学的人感觉到很困惑："这些不都是正常人的生活吗？这哪里算是修行呢？"

然而，在佛陀眼中，无论是着衣持钵，还是吃饭洗脚，只要心中有佛，皆是修行。因此，对现代修佛者而言，修行的方式并不拘泥执着于佛门的"六度万行"，只要心存佛念，谨遵佛家的指导，就已经是一位佛教徒了。

《金刚经》中还讲："凡所有相，皆是虚妄。"意思就是说，凡是所有的一切表象，都应该将其视为虚妄，只有不去执着于它，才可产生大智慧。说得通俗一点，就是心中无事，不受干扰。

如同佛理一样，一个人若是想求得心中的闲与静，大可不必从外界去苦苦寻觅，所谓"心静自然凉"，如果自己的内心本就是躁动不安的，无论你采取什么措施去规避，都是永远都摆脱不了的烦恼。如果连自己的内心都安静不下来，更谈何六根清净、动静皆忘的最高境界呢？

◎内心通透澄澈，何须诵经礼佛？

性天澄澈，即饥餐渴饮，无非康济身心；心地沉迷，纵演偈谈禅，总是播弄精魄。

——《菜根谭》

本性清明和纯真的人，饿了就吃，渴了就喝，这一切都是为了保证身心健康；心中迷乱糊涂的人，即使他们谈论佛偈，其实也都是在浪费自己的精力。

我有一位朋友，他平时很喜欢读佛经，而且觉得读佛经显得自己很淡定，和别人大不相同，于是就在床头放了一本《金刚经》，还是精装版的。他早晨读，中午读，到了晚上还是读，时不时还会背上几句，摇头晃脑，好像已经领悟到了学禅的最高境界，内心已经超凡入圣了。

但事实上，他的烦恼一点儿都没有消失，就和吃饭一样，吃进肚子里时，暂时不饿了，过上几个小时，又开始饥肠辘辘。这是因为他的心根本不在佛经上，目的不是为了参佛，而是为了求个心安理得。或者说，只是为了享受这种求佛的过程，认为这样做可以提升自己的品位。

在电影《非诚勿扰》中有一个经典桥段，葛优在日本的时候，去教堂忏悔，跪在牧师的脚下，把自己从小干过的坏事挨个儿说了一遍，似乎上帝就会原谅他。他的目的是什么呢？显然不是真心的忏悔，而是和大多数的信徒一样，求一个心理安慰。从这个角度来说，这和人们对于名利的追求是一样的，内心不静，才去求心静，以让自己的所作所为得到宽恕，然后继续去做这些毫不清明纯真的事情。

就像《金刚经》所讲的："若以色见我，以音声求我，是人行邪道，不能见如来。"即是说，妄想和执着，都是不清明和不单纯的表现，只有放下这些妄想与执着，不去强求某个功利的目的，回归本来的面貌，才能真正地彻见真性。要知道，放下三贼，真性方能得以彻见。

为人处世，就跟学佛一样，必须先修心，而在现实生活中，我们同样应该跟随着内心的本源，这样才能体会到人生真正的美好。生活中，不管我们取得了多高的成就，都要让内心远离世俗的喧嚣，像出家人一样，回归自己的本真，到达真正的禅境。

像那些在现实中不停地修身学道的人，他们却比常人更容易犯一些心外求法的错误，平时不肯自我反思和省悟，只想着拜拜佛、烧烧香，就能够让内心平安，做过的错事也可以一笔勾销。这样的想法与做法无疑是幼稚可笑的。要得到真正的"道"，就得让自己的本性回归到清明纯真的状态，这才是自我拯救的最好办法。

◎心灵冲虚宁静，眼睛才可敏锐地观察事物

当雪夜月天，心境便尔澄澈；遇春风和气，意界亦自冲融。造化，人心，混合无间。

——《菜根谭》

在明月当空的雪夜，心境也如皓月白雪一样清澄明澈；当温暖的春

风徐徐来临，人心与自然的意境完美融合。可见，大自然与人心从来都是亲密无间的。

人的内心都有一个真境，用一句话来说就是："非丝非竹而自恬愉，不烟不茗而自清芬，需念净境空，虑忘形释，才得以游衍其中。"这种境界意味着什么呢？意味着我们要心近自然，远离种种虚荣繁华，那些并不能使我们得到真正的快乐，因为物欲的刺激只能持续片刻，感官带来的享受更是无法永恒的。我们通过观看、耳听、嗅闻、舌知、身觉、意念求来的快乐，这些体验都只是暂时的。就像听一曲音乐、看一场电影，过程固然百转千回，令人身临其境，但是终有结束的那一刻。

如果一个人总想在这样的过程中抓住永恒，又怎么可能做得到呢？世事无常，有缘起就有缘灭，有悲欢也有离合。只要你还在追逐物欲，远离自然，就做不到心灵的宁静与澄明。

因此，我们应当知道，要想找回自己内心的宁静，就得把身心置于大自然之中，让心灵融于万物之中，实现彻底的平静，对于世俗之事，要能拿得起，同时也能放得下。不管遇到什么样的困难险境，都要泰然自若，戒骄戒躁，把挫折当成一种向上的考验，不烦扰自责，不怨天尤人，不自暴自弃，这样才能获得真正的自由。

有这么一个故事。一天，孟子和梁惠王在一个池塘边观景。梁惠王环顾着周围的鸿雁麋鹿，面呈得意之色，对孟子说："有道德的人也享受这种快乐吗？"孟子回答说："只有有道德的人才能够享受这种快乐，那些没有道德的人，即使有这种快乐，他也是享受不了的。"

能够使人真正快乐起来的，不是那些新鲜的体验和丰富的物质，把快乐建立在这些东西之上，就如同依靠吸大麻来止痛一样，解除痛苦的同时也陷入了另一个万劫不复的深渊。能够刺激感官一时快乐的东西之所以不长久，正因为这些快乐的本质是转瞬即逝的。如同女人美丽的容颜，终有年华老去，美丽不再的那一天，当这个时刻来临的时候，你将会是多么的失落呀！

内心维持一种宁静、真实的境界，不需要美妙的音乐，就会自然感到舒适愉快，不需要烹茶煮茗，就能使满室飘香。一个人，只要内心干净纯洁，自然就会超然物外，了却一切烦心苦恼，这才是人生真正的高境界。

面对物质文明极大地繁盛之后产生的诸多诱惑，人们要时时遏制自己的欲望，警诫自己不要在利益的旋涡里越陷越深。要擦亮眼睛，明辨机会与陷阱，做到心灵明净，不惹杂念，那么，清新就会永远地存留于心间。

◎心静自然凉

福莫福于少事，祸莫祸于多心。惟苦事者方知少事之为福；惟平心者始知多心之为祸。

——《菜根谭》

一个人最大的幸福，莫过于没有扰心琐事的牵绊；一个人最大的灾祸，没有比疑神疑鬼更可怕的了。只有那些整天劳苦忙碌于纠纷、被事务缠身的人，才会知道没有事是最大的幸福；只有那些内心平静如水的人，才知道猜疑别人就是最大的灾祸。

人的一生，最大的幸福是什么？是富贵功名，还是福寿延年？其实很容易找到一个答案，那就是少去惹无谓的祸端，多避开无妄的灾难，不去烦心，不去多事，这就是最大的幸福了，远比金钱名利来得重要。

现实中，随着年龄的增长，人生体验的增加与文化环境的潜移默化，我们渐渐地感悟到少事多福的真谛。因为人生的大多数灾祸，都是由欲望和多疑引起的，如果放任自己的欲望与疑心，不能够及时地悬崖勒马，就容易误入歧途。

有些人，他们不但追名逐利，还整天疑神疑鬼，怀疑别人嫉妒自己，对自己有什么不良的企图，平白无故地染上了多疑症，陷入了痛苦的自我折磨。结果，朋友越来越少，敌人越来越多，给自己埋下了无数随时都会爆发的炸弹，这岂不是最大的灾祸？

古代有个地主，凭着自己的勤劳和祖辈的遗产，庄园越来越大，渐渐的，富甲一方。他新纳了一个小妾，日子本来很美满，偏偏某一天他突生了一个没有根据的怀疑。因为这个小妾长得实在美丽，又很年轻，进门之前就是当地有名的才女，爱慕她的人很多。所以，他老是疑心自己的一个仆人在打小妾的坏主意，而这个小妾说不定也已经生了跟仆人私奔的念头。

这么一想，可不得了，他是吃不香，睡不好，每天琢磨这件事，越琢磨就越相信是真的。最后，他一不做二休，索性把小妾给沉井了。杀了小妾之后，官府要追究，那些平素一直在找他把柄的对手也等来了机会，趁机侵吞了他的田地。从此，他的家族就败落了，再也没有翻过身来。事实上，那名冤死的小妾和他的仆人是清白的，两人根本没有任何来往，只不过那名仆人平时多看了她两眼。

由此可见，疑心实在是招来横祸的最大根源。常言道："君子坦荡荡，小人长戚戚。"作为一个聪明人，我们就不应该陷入无谓的猜忌，这种不正之念只会让我们的恶念和贪欲横生。真正的做法是沉下心来，用理智去思考问题，只有心平气和、心如止水，才能避免灾祸的发生。平时遇到小麻烦，不要去计较，也别去纠缠不休。要知道，心多则气浮，气浮则容易冲动。世间的种种烦恼，都是由自己的心制造的。知足少欲，去私心，存天理，用道义公正的心去待人处世，灾祸就不会临身了。

◎宠辱偕忘才是人生的大智慧

宠辱不惊，闲看庭前花开花落；去留无意，漫随天外云卷云舒。

——《菜根谭》

高官在显爵加身的时候，不能没有淡泊名利、清静无为的山林情趣；在田野山林中潜隐清修的时候，也应该有一种积极关心国家大事的胸襟。

许多人经常抱怨自己活得太累，抱怨命运对自己太不公平，这不行，那也不行，现实生活中有太多太多的无奈，所以，内心也就随着环境而起伏不定，顺利时得意忘形，恨不得自己永远占住现在的这个位置，不让人抢走；失意的时候又窝窝囊囊的，像掉进了十八层地狱，觉得自己以后再也爬不上去了，从此心灰意冷，自我放弃。

每个人都有自己的人生理想和事业追求，在人生旅途中尽力地拼搏与奋斗，付出勤劳的汗水和艰苦的努力，都希望能收获成功，而不是失败。但是你要知道，我们生活的世界还有许多不尽如人意的地方，周围的环境也有许多不利于自身发展的因素，任何事情本身都存在着变数，并不会受到个人的控制，这往往会造成一个人的命运的转折，不是由喜到悲，就是由悲到喜。

所以，当面对着生活、工作、情感中的失意和得意，面对着人生中的大起大落——辉煌成功和挫折失败的时候，我们应该以什么样的心态去面对，这就成了非常重要的事情。

咱们说一个很有名的代表人物，就是三国时代的诸葛亮。他在归隐山林的时候，能看到三分天下的态势，积极地谋划，开拓思路，时刻做好准备，等待有一位贤明之主发现他、重用他；他在治理国家时，又能够鞠躬尽瘁，不把时间浪费在名利的获得与自我享乐上，始终节俭勤奋，低调行事，为蜀国的基业付出了自己全部的心血。

诸葛亮这个人，就拥有宠辱不惊、心怀天下的品格，不管是身处山林还是人在庙堂，对他来说，只不过是换了一个地方而已，对他的志向没有丝毫的影响。金钱再多，在他眼里也是粪土；山林再苦，在他看来也是一处思考国家大事的胜地。只有看透名利和识破世间规律的人，才能做到这一点吧。

纵观历史，能跟诸葛亮相提并论的，就只有朱元璋的谋士刘伯温了。作为一代奇才，刘伯温辅佐明太祖朱元璋打下了天下，建立了明朝这份大基业，这份功劳是相当大的，朱元璋也给了他很大的尊崇，当时的人没有不敬重他、不佩服他的。但是刘伯温却丝毫没有要做权臣的念头，而是及时地隐退，远离了所处的权力圈。在权力圈外，他仍然能够看清政局变化，依然关心朝堂上的事情，对于天下的局势有着洞察一切的认知。刘伯温无疑是一个非常清醒的人，他知道名利二字是一把双刃剑。能摆正自己的位置当然是件好事，但如果摆不正自己的位置呢？那就很可能会被名利害死。

跟他同时代的胡惟庸就是一个典型的反面教材，他在受朱元璋的重用时，以为大明朝全靠他一个人了，拼命地利用权力来笼络人才，结党营私，不思退路。到皇帝开始怀疑他、想要削减他的权力的时候，他的做法不是适时地退出这个名利场，反而想要凭自己手下的那些谋士来造反，将明朝的天下据为己有。最终落得一个被灭族的下场。

现在有不少人，思想浮躁，眼光浅薄而且还很势利。稍微一得志，就开始忘乎所以，尾巴都恨不得要翘到天上去了；一失败，就把自己素来的志向全都抛到了脑后，恨不得钻进老鼠洞里去。情绪反差这么大，还是因为把名利看得太过重要，用如今的一句网络流行语来说，就是不够淡定。

功名利禄的你争我夺，让人殚精竭虑、精疲力尽。如果过于在乎得失，情绪随之大起大落，那么一旦自己想要的东西难以得到，希望成了泡影，那就会失落、失意乃至失志了。

《菜根谭》这一段话，用寥寥数语为我们深刻地道出了人生真谛。我们对事对物乃至对名对利应该持有的态度，归结起来无非是两个字：无谓。“命里有时终须有，命里无时莫强求”，只有这样，我们才可能心境平和。

恩宠集于一身的时候，能够超脱出名利的束缚，时刻准备回归平淡的生活；人生失意的时候，也能够淡然地接受，并且看到事情有好转的态势，做到能屈能伸。这样的境界，与范仲淹的“不以物喜，不以己悲”实在是有异曲同工之妙，体现出了一种旷达风流的超然境界。

在生活中，我们每个人都应该锻造这样的心胸，拥有一种长远的眼光和担得起、放得下的气魄，才能不被名利所累，被失败打击。

◎超然万物，坚守心灵那方净土

就一身了一身者，方能以万物付万物；还天下于天下者，方能出世间于世间。

——《菜根谭》

只有能够跳出自我来看待自我的人，才能够使万物按照各自的本性去自由发展，使之各尽其用；能够把天下还给天下之人的人，才能够真正地做到身处于尘世，超然于物外。

红尘之中，我们做很多事情往往都身不由己，时常带着一种迫于无奈的、被动的情绪去为人处世。因而，我们常常感到生活不如意、不顺遂，仿佛到处都是漏水的窟窿，补了西墙漏东墙，补完东墙西墙又漏了，总之就是补不完的窟窿，天天疲于奔命，心情也越来越差。

看到那么多人埋首于日复一日的工作和生活中，被一种公式般的生活定律牢牢地束缚住，变得“心为形役”，逐渐僵化而麻木，谁还能体味到“归去来兮”的闲适和洒脱?

有时候，我们需要平心静气地审视一番自己，观察自己近来的变化，是否变得庸俗不堪，心灵是否已经麻木了，是否依然保持着健康向上的心态……

中国历史上有一位有名的隐士——希夷祖师。他生于五代那个战乱连年的时代，人人都在追名逐利，野心勃勃之人甚至要据天下为己有，他虽然也胸怀惊艳天下的才华——史载他对经史百家之术过目不忘，还说他“少有奇才经纶”“高论骇俗”，但却隐居不仕，视富贵如浮云，飘飘然遗世而独立。他有首诗表达了自己冲淡虚静的内心：“我谓浮荣真是幻，醉来舍辔谒高公。因聆玄论冥冥理，转觉尘寰一梦中。”

自古以来，像希夷祖师那样，能够真正做到超然万物、万事不萦于怀的人，少之又少。况且，在这个追名逐利的世界上，人人都在为权力和财富而奔波劳碌，我们也不可能脱离其中。只因我们达不到那么高的境界。我们能够做的，就是时刻提醒自己，反省自我，不要被物欲冲昏头脑，以致泥足深陷，不能自拔。我们应该努力地保持清醒，知道自己在做什么，要做什么，什么又是自己不该做的。千万不要为了一点点小事情就激动不已，左思右想地放不下。这样无谓的执着只会让自己徒增困扰。要知道现实生活才是最重要的。网络生活、虚拟想象，那都是精神上的自我麻醉和逃避，是一种慢性毒药，只会让自己迷失方向，最终堕落下去。

可以试着每周做一次自我反省，定期检讨自己的行为、语言和精神思想，然后再跳出来好好看看自己的现实生活。面对这纷杂的社会，人总要在不断的变化中进行自我审视和总结，进一步认识自己，同时也更好地认识世界。

◎在宁静淡泊中体会人生的真谛

风恬浪静中，见人生之真境；味淡声希处，识心体之本然。

——《菜根谭》

一个人只有在宁静平淡的环境中，才能发现人生的真正境界；一个人只有在粗茶淡饭的清贫生活中，才能体会到人性的真实面目。

在《菜根谭》这本书中，多次提到了“静”的概念，认为只有静，我们才能体会到人生的本质，才能找到人性本有的质朴。静不只是针对言行，更着眼于心灵的修养，是幸福的本源；因为心灵沉静了，人的幸福感就会加深。心思不静，时时浮躁而冲动，就算你拥有花不完的钱，也很难体会到真正的幸福。

人生的最高境界，并不是穿着绫罗绸缎，生活在喧嚣的闹市，没有止境地释放自己的欲望，追求事业的极致，而是求得一种宁静平淡的心境。像《庄子·外篇·缮性》中就首先提出了“以恬养知”的主张，庄子认为，只有自养而又敛藏，方才不“失其性”。想要达到真正的明悟与通彻，我们就必须去除心中过多的欲念，在生活中能够安于清贫，不奢求，不贪图，复归原始的真性。

诸葛亮在人们的心目中几乎就是智慧的象征，他治国有道，具有宏图大略。关羽、张飞这些将士，在他的指挥下东征西讨，立下赫赫战功。

读一读《隆中对》，就能知道诸葛亮对当时局势的认识是多么深刻，几句话就勾画出三国鼎立的格局图；他对未来历史走向的预见又是那么准确，令人叹服。我们不禁要问，孔明的智慧为什么如此超群，眼界为什么这样高远呢?

原因只有一个，诸葛亮向来认为：“夫君子之行，静以修身，俭以养德，非淡泊无以明志，非宁静无以致远。夫学须静也，才须学也，非学无以广才，非志无以成学。淫慢则不能励精，险躁则不能治性。”

短短的一段话，概括出了他的人生价值观，无非就是“静”“志”“励”这三个字。他以恬静来调养心智，心智生成，却不用智巧行事，又以心智反过来调养恬静。所以，无论何时何地，诸葛亮总能保持沉静如水、淡定自若的状态，对事物有深刻的洞察力。他的心智和恬静交相调治，形成了大仁大智的本性。他拥有雄心壮志，同时又能将自己的理想引向正道，不贪图名利，能进能退，大智若愚，所以不管经历多少风雨，都可以屹立不倒。

现实生活中，随着物质的极大丰富，生活节奏的加快，能够始终保持内心宁静与朴素的人，已经越来越少了。平时我喜欢站在露台上或路边，静静地观察过往行人的状态。观察的结果让人失望，因为人们走路的速度越来越快，脸上的神情却愈发冷漠与浮躁。

越来越多的人，他们的眼睛只盯着利益、名气、股票……一点儿蝇头小利就可以争个你死我活，哪还有半分的平静与淡定呢？还有一些人，他们可以同富贵，却不能共贫贱、共患难；他们视友情为工具，爱情如交易。这样的人，就更失去了安贫乐道的本性了。

我们立身处世，应当时刻以“静”为导向，来提高自己的精神境界，以“朴素的心”来培养自己的道德操守，事业上要不停地奋斗，生活中却要尽量保持简朴。让我们的心境安静恬淡，精神专一不杂，才可以见识深远。

第四章

谨言慎行，给自己的言行上把锁

○凡事都有一个度，千万不要把事做绝了，这既是保护自己，也是为子孙后代积德。

○为人处世并非单单为了自己，好好爱惜自己的生命，维护自己的名声，才能保证家庭的幸福。

○三思而后行，不要因为一时贪念，就放弃了内心的准则。

○人在生命的最初以及大彻大悟的时候，思想才是最为纯正的。

○人们通常是为了欲望而犯下恶行。善恶有报，你的心里一定要明白这个道理。

○金钱也许可以让你暂时享受到别人的尊敬与羡慕，道德却能够使你得到万人的敬仰。有德者会得到意想不到的荣誉，无德小人只能得到越来越多人的唾弃。

◎谨言慎行，君子之道

不可乘喜而轻诺，不可因醉而生嗔，不可乘快而多事，不可因倦而鲜终。

——《菜根谭》

不要在高兴时，不加考虑地随便对人许诺；也不要在醉酒时，不加控制地随便乱发脾气；不要在得意时，不加检点，到处惹是生非；更不要在疲劳时，放任疏懒，做事有始无终。

这一节的哲理告诉我们，不管什么时候，在什么地方，做人和做事都要有节制，懂得什么话能说，什么话不能说，什么事能做，什么事不能做。无论环境怎么变化，内心多么冲动，你都得保持清醒的头脑，说话行事，三思而后行。

就像《礼记》中所说的：“君子道人以言而禁人以行，故言必虑其所终，而行必稽其所敝，则民谨于言而慎于行。”意思是说，君子作为普通人物的表率，承担着“以言导人、以行禁人”的责任，所以一言一行都要时刻谨慎。说话一定要考虑后果，做事一定要考查其弊端。因此人们在修行君子之道的时候，必定会说话严谨，行为慎重。谨言慎行这种处世态度，无论是对个人的修身养性而言，还是在与人交往中，都是非常必要的。

现实中，有好多人在兴致高昂的时候，只顾自己一时的兴奋而得意忘形，对别人承诺下一些事情。别人听了自然也会很高兴，可说话的人当时却没有认真过脑子：这些事情我能做到吗？能否履行对别人的承诺？

举自己身边的一个例子。在一次同学聚会中，酒过三巡，一个同学喝得脸红脖子粗，醉意上涌，最后一拍桌子，举着酒杯站了起来，滔滔不绝地说了好多“兄弟情深”的话，那慷慨陈词的模样，俨然便是一位气势如虹、言辞华丽的演说家。

演讲结束后，他拍着胸脯对我们说：“以后哥儿几个有什么难处，尽管来找我，只要我能帮得上忙的，绝不会推辞的！”当时我们听了都深为感动：“哎哟，这哥们儿真仗义！”于是纷纷向他敬酒。

后来过了一段时间，几个同学又聚到了一起（他缺席未至），一位同学谈起他，语气中甚是鄙夷。我们都大惑不解，到底发生了什么事呢？便忙问其故。原来正是这位同学在上次聚会之后，请他帮一个小忙，他不但一口拒绝了，还从此拒接电话，跑得无影无踪，生怕别人再去麻烦他。

我们听完后，惊讶之余，不禁相顾摇头叹息：“嘿，原来这家伙喜欢满嘴跑火车啊！”后来众人对他都渐渐疏远了，以后吃饭聚会，也不再叫他。慢慢的，那家伙就成了我们这个同学圈子里的孤家寡人，不受人待见了。

这就告诉我们：说话之前，先要考虑到后果，不要轻易地对别人许下“空头支票”。一旦对别人承诺了什么，你就要身体力行地履行。如果你觉得力有不逮，那么我劝你，别跟那位同学一样拍胸脯说大话。

人在不如意之时，往往会借酒消愁，可是等到酒精发作，再将那些不顺遂的事情想起来，更是愁上加愁，脾气也容易和火山爆发一样，一发不可收拾，做出一些令自己后悔莫及的事。

读过《三国演义》的朋友，都知道张飞是怎么死的：酒后被害！关羽败走麦城，终被孙权生擒。张飞闻此噩耗，旦夕号泣，悲不自胜，经常饮酒，寄托对亡兄的哀思。他有个毛病，一喝醉酒，便怒气勃发，喜欢鞭挞将士，拿手下的小弟出气。

后来他率兵东伐孙吴，下令三日内置办白旗白甲，要求三军挂孝，负责采办的两名小将觉得任务太过紧急，求他宽限些时日，他大怒道："我急欲报仇，恨不得明日就到吴国，你们居然违抗我的将令！"不由分说，将二人绑缚到树上，各鞭打五十。那两名小将惧于完不成任务，迟早被他砍头，竟先下手为强，趁张飞晚上醉饮酣睡后，将他给杀害了。

英雄死于英雄之手，那是死得其所，死得光荣、死得壮烈；然而被无名小卒害死，那又是何等的悲哀啊！

佛家将"贪、嗔、痴"视为"三毒"。一个"嗔"字，很多人看不破，带来的苦恼也是无穷无尽的。

孟子说过："自暴者，不可与有言也。"就是说，一个脾气暴躁不肯改变的人，你是不可以和他讲道理的。和这种人讲道理没用，你说得越多，他就越对你看不顺眼，对你带来的伤害和不利也就越大。所以，我们就该学会谨言慎行，控制好自己的情绪。你要想一想，什么话说出来，会使人心里舒服；什么事做出来，不会让人觉得厌恶。

人在得意之时，尤其要谨言慎行。在工作中，一个人如果因为取得了一点点成绩而骄矜自喜，对周围人的态度也不加检点，总喜欢惹是生非，那么他很快就会被身边的同事和朋友唾弃，失去同事的信任和朋友的友谊。

正如西方一位哲学家所说：一个人如果骄傲，即使身为天使，也会沦为魔鬼；如果谦卑，虽是凡人，也会成为圣贤。

生活中，我们在做一件事的时候，往往会经历很多挫折，我们会感觉到心力交瘁，这个时候就有些力不从心，开始打退堂鼓了，于是我们千方百计地找理由推托，放任疏懒，因此事情还没有做成功，就以破产告终了……

这样的人，绝对不会成功。渴望成功而不付出努力，做事有始而鲜终，只会是一种迷幻的空想主义。

《菜根谭》告诫人们，“不可因倦而鲜终”，不要因为自身倦怠，而做出一些有头无尾、半途而废的事情。成功者的成功经验是什么呢？我想，首先就应该是具备坚忍不拔的毅力，做事前谨慎考虑，对所做的事情慎重负责，有不达目的誓不罢休的韧性和耐性。只有这样你才能成功，至少，坚持下来，你就已经成功了一半！

◎在这个世界上，从来就没有卖后悔药的

饱后思味，则浓淡之境都消；色后思淫，则男女之见尽绝。故人当以事后之悔，悟破临事之痴迷，则性定而动无不正。

——《菜根谭》

酒足饭饱之后，再回想美酒佳肴的味道，此时所有的甘美都消失了。房事满足之后，再回味性欲的情趣，那男女之间鱼水之欢的念头已经全部消失。因此，如果常常能以事后悔悟，来作为另一件事的开端时的参考，就可消除一切错误而恢复聪明的本性，这样做事就算是有原则了，一切行为自然就合乎于义理。

事悟，就是指我们完全地体会了一件事，透彻地想明白了其中的道理，触到了本质，也看清了方向。性定，则是我们能够控制自己的冲动，拒绝外界的诱惑，坚定了内心的良知，也提升了自己的意志力。显然，事悟和性定以后，我们就能很好地规范自己的行为，虽然做到这一步很难。

在《百喻经》里，有一个很有趣的寓言故事。说的是以前有一个愚人，他的妻子生得端庄漂亮，夫妻感情深厚，相处得和谐融洽。可是忽然有一天，他的妻子不安分起来，开始与别的男子交往，淫邪之心使这个女人打算离开丈夫而与情夫私奔。她秘密嘱托一个老太婆："我走了之后，你弄一具女尸来，停放在家里。等我丈夫回来，你就跟他说，我已经死了。"

于是，老太婆就趁丈夫外出的时候，将一具女尸置放到他家里。等愚人回到家中，老太婆就告诉他："你老婆死了。"丈夫情急之下一看，信以为真，不禁放声恸哭。他堆积了许多木柴和油料，将"妻子"焚化，收集好骨灰，时时刻刻都带在身边。

过了一段时日，这个女人对情夫产生了厌烦，便回到她原来的家，对她的丈夫说："我是你老婆啊。"她丈夫就回答她："我老婆已经死了，你是谁啊？怎么可以胡说是我老婆呢？"那女人反复向他解释，他始终都不相信。

这个寓言故事中的愚人的确很蠢，但他的妻子，却更是愚不可及。有一个如此深爱自己的丈夫，却仍旧不知满足。我想，愚人之妻回家后发现丈夫不认自己，心里一定是追悔莫及吧。

可是，事后追悔又有何用呢？事情已经做了出来，而且已经酿成了无法挽回的后果。可见一旦做错事，是不能回头的，我们常说“世上是没有后悔药卖的”。然而当你真正要去做一件事的时候，却依然固执己见，不仔细考虑事情的后果，只见到事物的某一方面对自己有利，便全身心地投入其中，而不能对事物做出全面而明智的判断，失去对事物的整体把握，最终事情的结果不尽如人意，那也是情理之中的。

在现实生活中，我们往往是在利益和欲望的驱动下，做出一些当时很痴迷、事后很懊悔的事，为了达到一时的目的，我们忽略了应该遵循的原则，缺乏理性的思考与定位，等到事情的恶果出来了，才幡然醒悟：唉呀！当初怎么那么蠢，做出那样草率的决定！

这倒也没什么错，毕竟人非圣贤，总会有自己的私心。但可悲的是，明明已经做错一件事了，再碰到同样的情况时，我们还是义无反顾地一错再错，如此这般地恶性循环下去。这大概就是俗语中说的“好了伤疤忘了疼”吧。

在处世方面，临事前多想想后果，斟酌权衡一下利弊，切不可急躁冒进，要像曾子那样三省己身，始终保持清醒的头脑，才是正确的处世原则。

曾国藩在他的日记里记载了一个故事。他有一天晚上做了一个梦，梦见自己的朋友得了一笔意外之财，不由得动了羡慕之心，等到早上醒来，他回想梦中的情境，觉得自己非常可耻，反省自己不该存有此种贪念。正是基于这种时刻警惕和反省的好习惯，他才能官运亨通，在京留职七年，便连升十级，成为清末朝廷的中流砥柱。

其实，我们在做一件错事的时候，大都是“意念”在作祟，一时的贪念、痴念发作，尚未来得及看清事情的本质，就已经迷失了自我，被眼前的假象迷惑，从而做出不理智的选择。

世上没有卖后悔药的地方。在物欲横流的社会中，权势、财富、名望，都是人们所热衷和企盼得到的。可是，我们在追求这些东西的时候，切记不能迷失真我，而要学会剖解事物的本质，端正自己的行为，做出正确的判断，同时也应该善于吸取教训，积累经验，决不可“两次踏入同一条河流”。

◎为人处世，不可意气用事

人情听莺啼则喜，闻蛙鸣则厌，见花则思培之，遇草则欲去之，但以形气用事。若以性天视之，何者非自鸣其天机，非自畅其生意也。

——《菜根谭》

听到黄莺婉转啼叫就高兴，听到青蛙呱呱叫就会讨厌；看到花卉就想栽培，看到杂草就想铲除，这些都是人之常情，也完全是根据自己的喜怒爱憎来判断。其实按照生物的天性来说，黄莺的叫声悦耳也好，青蛙的叫声烦人也好，都是在抒发它们的情绪；不管花朵的绽放，也不管杂草的生长，它们何尝不是在舒展自己的生机呢？

有时候，我们在观察一样事物的时候，总是会因个人喜好和偏见而产生一种主观意识，对事物的认识往往是不全面、不客观的。

在工作和生活中，一个人若是意气用事，那么他做事成功的概率往往不是很大，常常事与愿违。

三国时期，西川刘璋帐下有位很有才干的人——张松，字永年。张松知道刘璋势弱，自己满腹经纶而无用武之地，经常夙夜叹息怀才不遇。

终于有一次，他得到了出使曹魏的机会。他有心投奔曹操，于是临行前偷偷将西川地理形势描绘出来，将地理图本藏在身上，以作投诚曹操的献礼。

曹操素以知人善任著称于世，可他也有主观臆断、意气用事的时候。他见张松"额头尖，鼻偃齿露，身短不满五尺"的模样，便心生五分厌恶之心，兼之张松言语之间有所顶撞，曹操大怒之下要将其斩首，幸亏杨修、荀彧冒死进谏，这才挽回了张松一条性命。

张松郁郁返回西川，途经荆州的时候，被刘备所款待，张松被他礼贤下士的风度所折服，心怀感激之余，将地理图本展示给刘备观摩，并授以谋取西川之法。后来刘备尽取汉中之地，建立帝业，其中也有张松的一份功劳。

以貌取人，失之子羽。曹操便是铸成了以貌取人的大错。试想一下：如果曹操对张松礼贤下士，恩遇有加，那么张松自然乖乖地将西川地理图本双手奉上，以曹操的雄才伟略，知己知彼，掠取汉中之地，岂不易如反掌？如果是这样的话，历史的走向就会彻底地发生改变。

因此，我们在做任何事情的时候，不能全凭自己的主观想法去处理问题。在为人处世的时候，尽量做到理性，对待事物要有客观的认识，只有保持清醒的头脑、理性的思维，做事情才不至于走进死胡同。

在交友方面，我们更应该时刻谨慎，要善于观察朋友的言行举止，不可意气用事，胡乱结交。

在现实生活中，可能身边的一些“朋友”时常对我们甜言蜜语，说尽好话。这个时候人性的弱点就很容易暴露出来，人嘛，谁不喜欢听好听的？可往往在我们真正需要他们帮助的时候，这些人却远远地躲开你，避之唯恐不及。更有甚者，落井下石，给你来个雪上加霜、趁火打劫。

相反地，有些朋友平时对你寡言少语，甚至态度冷漠，当你要做一件事情、将自己的想法告诉他的时候，你也许得不到他的支持。但当你真正遇到难处，落入险境之时，他们会不遗余力地鼎力相助，为你不辞劳苦地奔波忙碌。

如果你经历过这样的事，相信你必然会感触良多。要知道，在这个社会上，不乏一些笑里藏刀、口蜜腹剑的人，在与这样的人打交道时，我们一定要对其有深入了解，观察这样的人是否可信、忠诚，不可过于武断主观，只看其好的一面。

唐太宗曾经问魏徵一个问题：“人主何为而明，何为而暗？”魏徵回答：“兼听则明，偏信则暗。”其实与交友是一样的道理。

古人云：“益友有三，损友有三。”其中，“友直，友谅，友多闻，可谓益友；友便辟，友善柔，友便佞，可谓损友”。

一个朋友正直忠信，宽容待人，博学而有见识，这样才算是益友；若是一个朋友性情暴躁，喜欢迎合讨好别人，时常心怀鬼胎，有城府、有心机，这样的人一定就是损友。

古人的话是很有道理的，我们在结交朋友时一定要理性而慎重，如果任凭个人喜好而滥交朋友，那么最终难免为其所累！

◎一举一动，都要小心谨慎

有一念犯鬼神之禁，一言而伤天地之和，一事而酿子孙之祸者，最宜切戒。

——《菜根谭》

假如有一种邪恶的念头触犯了鬼神的禁忌，或者有一句话破坏了人间的祥和之气，或者做了一件伤天害理的事，会给子孙后代留下祸患，所有的这些行为，我们都必须特别加以警惕，并且时时引以为戒。

很多时候，事情的对错就在我们一念之间的选择上。在选择的路口，如果说向左是天堂的话，那么向右就是地狱。冲动是魔鬼，说的便是做事缺乏思考，只是一念之差，就做出了不可挽回的错误的选择，种下了注定要失败的种子，或者做了后悔终生、永远无法弥补的错事。

这就像佛家所说的，人在起心动念之际，也同时种下了因果。当你心中生出邪念时，不仅仅是为自己酿下了后患，还有可能会殃及子孙后代，当然前提是假如你是在做坏事的话。

常言道：“一言不慎，身败名裂。”这指的是说话，稍有不慎没控制住，说错了一句话，就要让人失去曾努力得到的一切。做事也是同样的道理，可能几十年来你苦苦经营，积累了不错的名声，但就因为某一天思想稍微松懈了一下，产生了不好的念头，就把这些好不容易塑造起来的正面形象给毁掉了。

因此，一个人立身处世，绝对不可以任性地胡作非为，以免为自己的子孙后代带来无穷无尽的祸患。有些人单单为了一个“利”字，便误入了歧途，做出礼法不容、伤天害理的事来。事后不但不引以为戒，反而有“一人做事一人当”的想法，觉得就算东窗事发，也是由自己来承担，家人根本不会因为自己而受到连累。但事实果真如此吗？就像一些罪犯、贪官，他们案发后，他们的家人当然不必跟他一同负起法律上的责任，但却要因为他们而在别人异样的眼光中、在外人的指指点点中艰难生活，也许一辈子就活在家人制造的难以摆脱掉的沉重阴影中。

所以，为人处世，一定记得时刻为自己的子孙积些德。不要去做那些不仁不义的事，这样才不会为子孙招来祸患，并且给自己留下一个好的形象。对于任何事，面对任何大大小小的诱惑，我们都应该慎重选择，时刻将自己的行为控制住，思量再三之后，再做出选择。

因为一旦被冲动控制了自己的想法，一念之差，不但会伤到别人，还会间接地伤到自己。记得几年前，上海一位女大学生选择在宿舍内自杀，草草结束了自己年轻的生命，原因就是她的母亲去学校看她的时候，遭到了同学的歧视，她觉得这件事自己不能接受。虽然在这件事上，她的同学应该受到人们的谴责，但她的自杀，本身就是一种不明智的行为。一时冲动，根本没考虑这件事的后果，就意气用事地选择了自杀，自己倒是一了百了，却给亲人留下了无尽的痛苦。

要知道，我们活着并不仅仅是为了自己，一些人可能觉得这样活着很累，就想用自杀的方式来结束人生的所谓“痛苦”。殊不知，在看似

“潇洒”地离开自己所厌恶的人世的同时，却给家人留下了伴随终生的悲伤。所以说，选择自杀是一种最自私的行为。无论生活是多么艰难，也万万不能去动自杀的念头。只要人活着，还怕困难解决不掉吗？其实，困难出现的同时，解决困难的方法也随之出现了。就算是为了自己的家人，为了所有爱自己、关心自己的人，也得时刻谨慎小心地保护好自己的生命，保持强大的心理接受能力。

在漫漫人生之中，总有些事情是一定不能碰触、不能去做的，这才对得起自己，对得起亲朋好友。

有些傻事我们不能做，另外有些东西也是一定不能碰的，像一些坏习惯，如吸食毒品、酗酒、夜不归宿等。开始都是出于一时好奇、冲动，偶尔尝试一下，结果就不可自拔，上瘾了，终究发展成了一种伴随终生的恶习。如果你只是怀着好奇的心态去接触它们，一旦沾染上，那你可能就要花一生的时间去摆脱这种恶习，不仅对不起自己，更对不起别人，所以必须引以为戒才行。既然要为儿孙积德，就不能贪得无厌、永不满足，不管是做官也好，还是担任公司的领导也好，都要遵纪守法，不贪不敛。

有一个贪官，在接受法官审问的时候，一把鼻涕一把泪地说：“那笔专用款，我本来不想伸手的，但突然想到，动了也没什么，冲动之下，就犯下了不可挽回的错误。”许多人都是一失足成千古恨，走错路，都是出于这种“本来不想”的心态，做事之前不慎重考虑后果。做过之后，才发现已铸成大错，没办法弥补了。还有一些贪官，他们想的是：既然别人都在贪钱，我也伸手拿一点儿，又有什么不行呢？这么一想，就好像给自己做这件事找到了正当理由，将法律和道德统统抛到了脑后，更不会顾及日后会得到什么惩罚了。

对于咱们普通人来说，生活中，为了那些爱自己、对自己好的亲人，我们就要负担起一个家庭的责任，不要因为一时的快乐、享受，就犯下了生活上的错误。你要尽最大努力去做个好妻子、好丈夫，为孩子树立起榜样来。

如果为了达到目的而不择手段，只想着自己的一时快乐，做出伤天害理的事情来，赚了不仁不义的钱，就等于自己挖坑自己跳，为自己的前程埋下了隐患。真到了那时候，就算你悔青了肠子，也无济于事了。

所以，尤其是对于刚进入社会、初入职场的年轻人来说，一定不要因为自己经验不足就放任自己，觉得就算犯了错误也可以被原谅，更不要去相信“初生牛犊不怕虎”这样的话，应该学会控制自己的思想和行为，三思而行。说话做事，都要想好了再说，谋划周全了，再迈出第一步，方方面面都要考虑到，才不会因为一时糊涂而铸成大错，造成不可挽回的损失。

◎做人做事都要有一副善良慈悲心肠

一念慈祥，可以酝酿两间和气；寸心洁白，可以昭垂百代清芬。

——《菜根谭》

人在一念之间的慈祥，可以创造人与人之间的和平之气；人能保持心地的纯洁清白，就可以使自己的美名千古流传了。

善良不仅是一种智慧，更是一种远见，也是一种自信和高贵的精神力量。如果你问我，《菜根谭》的全篇讲的到底是什么？是我们为人处世的圆滑之道吗？我会告诉你：不是，因为处事方法只不过是我们人生的工具而已，人心的修炼才是我们提升人生境界的大道。也就是说，《菜根谭》是讲如何修心的，是在告诉我们，心善则光明路开，无论是一念的慈祥，还是寸心的洁白，我们都能为自己的人生开创出一种“百代清芬”的美名。

善良可以跟天真或者超然联系在一起，大多数情况下，善良的人不做恶事，并不是他不能，而是他不去做恶事，也不愿去做恶事。善良的人不是不会自卫和抗争，也不是不懂得狡诈和心计之术，只是不想滥用这种所谓“正当防卫”和“世俗争斗智慧”的权利罢了。

事实往往就是这样的，我们会发现在生活中，小孩子经常是善良、天真和可爱的；那些真正参透了人生与世界的内心强大的人，他们的内心也是善良的。因为他们悟透了一切，领会了人生的最高智慧，已经返璞归真。而那些年纪轻轻、自以为聪明，实际上却一瓶子不满半瓶子晃荡的人，却是最不善良的，也是最冷漠和无情的。

为什么这么说呢？因为小孩子的眼中，世界全都是美，没有一分是恶；内心强大的人，他们早就看透了世间的争斗，掌握了为人处世的最高智慧，其实本身就是善了；而那些肚子里没什么宝贝却又野心很大的人，才会错误地认为：人善被人欺，马善被人骑。

有句话讲，君子坦荡荡，小人常戚戚。恶人更是常常四面楚歌，如临大敌，其鸣也凄厉，其行也荒唐，其和也寡，其心也惶惶。恶人横行，也只能是横行于一时，到了最后，胜出的永远都是心地善良的人。因为他们心怀慈悲，从不介怀，一直都是微笑着面对现实，永远不会丧失对人生的信心，不会放弃对理想的追求。只有这样的人，才不会因为暂时的挫折迷失了纯真的本性，更不会因为遇到了恶，就失去理智，以恶制恶，让自己偏离了正确的轨道。

那么恶是怎么产生的呢？最主要就是来源于欲望。人有了欲望，特别是欲望得不到满足的时候，就跟他人有了利益上的争斗。争不到时，就会不择手段，做出有悖伦理与道德的让人们瞠目结舌的事情来。“共患难易，共富贵难”，贫穷之家患难相助，反而更为注重骨肉亲情，富贵之家往往为了争权夺利而发生父子交兵或兄弟阋墙的情况，大恶往往就是因此而生的。

一代雄主汉武帝，就曾经在老年的时候，在长安城内跟自己的儿子大动干戈，最后竟然把儿子逼得走投无路，自尽身亡。这一幕人伦悲剧，要追究下去，真正的原因，其实也就是为了争权夺利。又比如武则天，她为了篡权夺势，得到大唐天下，竟然将自己的亲生子女谋杀掉。还有历史上公认的英主唐太宗，由于自己是次子无法继承大统当皇帝，竟狠下心肠发动了“玄武门之变”，杀死了亲兄和亲弟，再逼迫父亲立自己当太子，甚至软禁亲生父亲。最残酷的，当数隋炀帝了，他自己虽然已经被册立为太子，可是为了能快点儿当上皇帝，掌握大权，竟然不惜悖逆伦常，谋杀了亲生父亲隋文帝。在《二十四史》中，这样的事例随处可见。其实说到底，当事人的一念之差，或许就使事情走向了截然相反的两个极端了，不是大善，可能就是大恶。

总而言之，人的情感并不总是理性的，甚至它的本质就是感性的。人的善是出于一念之间的，难道恶也是这样的吗？怎样才能避免一念之差的恶，始终保持住自己心地的善良呢？我想，《菜根谭》在这里告诉我们的，是一种时时约束自己的节操，养成一种经常审问内心的良好习惯。只有学会了反省自身的日常行为，检查每天的行为是否妥当，产生的念头是否让人不齿，再为自己制作一把丈量言谈举止的标尺，按照原则来做事，我想，内心的“恶”就能得到有效的抑制，内心的“善”便也可得到最大限度的发扬了！

◎永远不要低估道德的力量

富贵名誉自道德来者，如山林中花，自是舒徐繁衍；自功业来者，如盆槛中花，便有迁徙废兴；若以权力得者，如瓶钵中花，其根不植，其萎可立而待矣。

——《菜根谭》

一个人的宝贵名声，如果是从道德修养中得来的，那就如同生长在山岳树林中的花草，会不断繁衍，绵延不绝；如果是从建功立业和功利行为中得来的，那就如同栽种在盆景栅栏中的花草，只要稍微移植，花木的成长就会受到严重的影响；假若是靠权位和势力得来的，那就如同插在瓷瓶瓦钵中的花草了，由于它的根部没有深入到泥土中，所以很快就会凋零枯萎。

一个人真正的荣誉，来自于他的道德品质，并非他建立了多少功业，拥有了多少财富。这就充分说明了，为什么即便一个商人有钱到可以买下全世界，历史对他的评价依然不会很高。像历史上那些著名的思想家，虽然他们一生都贫困潦倒，有的甚至要靠朋友的接济来度日，可是却能够留名青史，这是因为他们的道德修养足够成为全人类的典范了。

中国古人在漫长的几千年的历史中，一直提倡的都是以德服人，而且在古人看来，财富和美名是一件好事，是美好的事物，但它们应该是有德者才能长期拥有的，无德的小人是不能长期拥有这些的。道德的修养更加不是一朝一夕就能取得的事。

古人云，君子爱财，取之有道，名誉和财富都要一点一点地通过正当的行为来获取和累积。反过来说，假如是采用了不正当的手段或者使用了阴谋诡计，在短时间内强行获得，那么财富和名誉就是不牢固的，就像是一座空中楼阁，即使到手了，也会在转眼之间就土崩瓦解，化为乌有。所以，财富要通过正当的劳动付出来取得，社会地位也都要依靠自己的道德力量来获得。

东汉初年的大司空宋弘，为人很是正直，做官也很清廉，对皇上更是忠心耿耿，直言敢谏。先后为汉室推荐和选拔了三十多个贤能人才，其中有的人甚至做到了丞相的位置。光武帝刘秀对他也非常信任和器重，封他做了宣平侯。

光武帝的姐姐湖阳公主守寡很多年了，刘秀想把她嫁给宋弘，但不知道她是不是同意。有一天，光武帝跟湖阳公主一起谈论朝廷上的大臣们。湖阳公主说："宋公（指宋弘）威容德器，群臣莫及。"刘秀听到后特别高兴，赶紧将宋弘召到皇宫，让公主在屏风后面偷偷地听着。

刘秀对宋弘说："谚言贵易交，富易妻，人情乎？"意思是俗话说，高贵了就忘掉了交情，富有了想另娶妻子，这是人之常情吗？宋弘一听，就知道这句话里有特别的意思，他答道："臣闻贫贱之知不可忘，糟糠之妻不下堂。"意思是：我听说，贫穷卑贱的知心朋友不能忘，共患难的妻子也不能抛弃。光武帝听他说完之后，回过头向里边的湖阳公主说："唉，这件事不成啊。"后来，这件事发展成了一个俗语，糟糠之妻不可弃。

李叔同先生也是这样一个品德高尚的人。他出生在地主家庭，家资颇丰，又曾出国留学进修。以他的资历，完全可以在当时政府里面谋上个一官半职，权钱双赢，然后享乐一生。但是他却为了中国的教育事业，奉献出了一切。《长亭送别》的歌声以及去世后的舍利子，都足以见证他的存在了。他的精神和智慧已经彻底融入中华民族精神之中，而他本人也成了中华民族道德典范的又一代表。比起他来，那些短时间内获得了暴利的投机商，简直渺小得就像一粒沙尘了。

在基督教文化中，也有这样一种传统。虽然那些清教徒追逐财富到了近乎疯狂的程度，但他们同时也认为，如果一个人在临死前不捐出自己所有的财富，那么想进入天堂，就要比穿过针鼻还要困难了。换句话说，一个人进入天堂的资格，不是看你这辈子赚了多少钱，而是看你的道德水平，只有把钱服务于大众，服务于社会，才能拿到天堂的入场券。

这就是"山林中花"了，一个人的高贵品格，不会因为他的离去而消散，反而会永远地成为后人学习的榜样。相反的，如果一个人的品德败坏，就算他建立了天大的功业，恐怕也是让人不齿的，活着时能靠金钱的力量风光一时，但人一死，他的所有也就烟消云散了，没几个人还能记住他，也没有人会真正地尊重他。因为他的价值观出了错，他所追求的名望和地位是用金钱来获取的，是堆砌在浮躁之上的，他只留下了荣华富贵的短暂的一生。假如将他放入历史长河的话，在那些有德君子的面前，他所拥有的功名和财富是多么渺小。

第五章

收放自如，从容应对外界的变化

○纷繁人生中，最难是放下既得名利，但须知收放自如，才能至臻至善。

○烦恼来自于心中杂念，在必要的时候要有快刀斩乱麻的气魄。名利场中要混得如鱼得水，也要退得潇洒，这才是智者的处世哲学。

○聪明人拥有得越少，反而越加洒脱，他们真正达到了超脱的心灵境界。只有豁达地处世，才不会被功名利禄所左右，才能体会到幸福。

○人生难免有得意失意，得意时不骄傲，失意时不气馁，有担当、懂放弃，才是为人处世的至高境界。

◎为人处世能收放自如，则可臻于至善

白氏云："不如放身心，冥然任天造。"晁氏云："不如收身心，凝然归寂定。"放者流为猖狂，收者入于枯寂。惟善操身心者，把柄在手，收放自如。

——《菜根谭》

白居易的诗说："凡事本如新，放心大胆去做就行了，至于成败，一切听凭天意。"晁补之的诗说："凡事不如小心谨慎地去做，以期能够达到坚定不移的境界。"这是两种不同的观点。其实，放任身心容易使人狂妄自大，常常约束身心也容易使人过于刻板。只有善于把握自己身心的人，才能够掌握事物的规律，达到收放自如的境界。

在生活中，我们需要时常对自己的内心进行觉醒式培养，只有善于操守自己的内心，为人处世才能做到收放自如，圆转如意。我们生活在这个世界上，就免不了会收到生活给我们带来的种种烦恼，这个时候，就应该把握住自己的身心。在命运面前，我们不可能懦弱地逆来顺受，完全服从于命运的意志和安排，但是也不能走进死胡同，步入极端。

当你的身心能够做到收放自如，那么你才能真正地领略到其中的乐趣，因此，该当放下的时候，就应学会放弃，该争取的时候，绝不妥协！

一个人若想做到收放自如，并不是件容易的事。很多人在功名利禄面前，总是止不住追求的脚步，放眼中国历朝历代，有好多身居高位的重臣，就是由于贪图眷恋手中的权柄，而最终招致杀身之祸。对一个年迈的老人来说，放下手中的权力，回家种花逗鸟，颐养天年，留下善始善终的美名，不是很好吗？可是人生往往却并非如此，年纪愈高，追名逐利之心愈炽，有些鬼迷心窍之人，甚至想要颠覆朝纲，改朝换代自己做皇帝，那有时就是一条自取灭亡的道路！

其实这主要还是跟人的心态有关。如果一个人对什么事都看透了，想通了，那么他就会主动移交出手中的权力，退出复杂险恶的名利之场、是非之地。这样的做法是相当明智的，不但性命得以保全，更落得个逍遥自在！

唐朝名将李靖就是一位急流勇退的智者。他戎马一生，为大唐的建立和版图的扩张立下了无数的汗马功劳，《旧唐书》中记载他“南平吴会，北清沙漠，西定慕容”，可见其赫赫战功。然而他深知功高盖主的危险，屡次上书请辞，赋闲归家之后，与朝中之人彻底决绝，“乃阖门自守，杜绝宾客，虽亲戚不得妄进”。他这是做给皇帝看的：我离开朝廷之后，可是什么都没做呀！

急流勇退谓之知机，明哲保身之余，还留下了千古美名，作为二十四位开国功臣之一，他的画像高挂于凌烟阁中。这就是说，一个人的眼界开阔了，便能从中看透一些规律，而他将这条规律作为自己始终奉行的准则，对待事物的变化，能一眼看穿其本质，因而他能万事顺利，做出正确决策，也能够做到收放自如。然而现实中也有一些人，明明不该放弃一些东西，只是受到了一点点挫折和苦难，就自暴自弃，萌生退意。一旦做事的激情退却了，他的行动就会缺乏动力，自然而然地后继乏力，再无成功的可能。要知道，心中的理想，一直就是支撑一个人前进的动力。

身逢逆境的人，他们的结局只有两种，非成王，即败寇。概莫能外！能挣扎着苦苦奋斗、熬下来的，就是王者；失去奋斗意志、心灰意懒的，就是败寇！

项羽很悲剧地成为了后者。

公元前202年，楚霸王项羽被韩信的军队团团围在垓下，兵少粮绝，不论如何突围，始终逃脱不出韩信的十面埋伏。到了第二天清晨，他终于顺利突围出汉营，然而身边追随的兵士仅剩二十六人，于是他率领这二十六人一直向南跑去，来到了乌江畔。

乌江亭口系着一只小船，亭长劝说项羽速速渡江，将来好东山再起。然而项羽却道："天亡我，非兵之罪也！"说罢自刎于乌江之畔。这句话的含义是，这是老天在灭亡我啊，并不是军事战略上的失误，我还渡江做什么呢？！

雄图霸业，尽归尘土，可谓悲哀！然而，穷极之时，他尚不醒悟！自己当初优柔寡断，在鸿门宴中不听范增之言，没有将刘邦除去，养虎为患，才酿成今日之祸，却找出一个"天亡我"的理由来搪塞自己。难怪太史公评论其"谬哉"！

无论是小心谨慎，还是放手一搏，都要坚持自我。自己才是行动的主体，面对纷杂的人生世事，软弱、摇摆不定是没有用的，只有坚持一种方式，认真地做下去，才会有出路。自己才是世间唯一的存在。

怕就怕在他人的建议或冷嘲热讽中失去了自我，既不敢放手去干，又不满足于小心翼翼地生活。我们需要时时反省，坚强地守住自我，对自己的人生充满信心，这才是生活的唯一的出路。

◎心无杂念，则烦恼皆除

机息时便有月到风来，不必苦海人世；心远处自无车尘马迹，何须痼疾丘山。

——《菜根谭》

当心中停止了一切阴谋诡计之后，你就会有轻松舒畅之感，因为从此不再为人间的烦恼而痛苦了；当你的思想远远地超脱世俗之后，自然不会听到外面的车马喧嚣之声，也就不必眷恋山野林泉的隐居生活了。

不在乎，你就不会有烦恼；没有杂念和欲望，你就不会有痛苦。因为烦恼都是来自于欲望，得不到，或者不知足，才会心情不平，才会觉得世界不公，才会有深切的忧虑。浮躁、阴谋、机心，都是由此而来的。

有时，我们把世界看得太过复杂了。以为要成功，就必须有城府、有机心才能应对这个世界，才可以打败别人，把名利、目标抓在手中，才可以自保。但反过来想想，什么样的性情，选择什么样的事业，倘若自己是一个崇尚自由的性情中人，何必两面三刀、口蜜腹剑呢？人活着，能做到逍遥快乐、舒心如意，足矣！

中国历史上的李林甫，城府极深，用心险恶狡诈，“口蜜腹剑”四个字就是说他的。玄宗在位的时候，想要招揽四方才能之士，而这时李林甫担任宰相，他害怕那些有才能的人受到玄宗重用以后，对自己的相位有所威胁，因此在背地里千方百计地进行阻挠，致使全国没有一人被选中。他还假惺惺地向皇帝献媚说野无遗贤。当时还有一位大臣叫严挺之，这个人很有才学，治国本领远在李林甫之上，玄宗想要重用他，李林甫又耍起花招来，对玄宗说严挺之年迈体弱，又得了风疾的毛病，劝玄宗让他赋闲休养。

像李林甫这样的人，始终怀有奸诈之心，可是他心里真的感觉踏实吗？他也知道自己跟很多人结下了仇怨，因此总是战战兢兢，担心会有刺客要刺杀于他，自家府宅建造了高高的墙垣，甚至还备有方便自己逃生的密道。一个人若是这样每天提心吊胆地过日子，相信他也不会过得舒服。因为他总是胆战心惊的，内心得不到片刻的宁静。

宋代的吕端是一位很有才能的大臣。当时，宋太宗想任命他为宰相，反对派认为吕端是个糊涂人，不可担任如此之高的职位，太宗却说吕端这个人，在小事上犯糊涂，但大事上精明得很，因此不顾大臣们的反对，毅然决然地任他为相。

他和当时的名臣寇准都担任参知政事的职位，而且他的排名尚在寇准之前，他主动上书太宗，要求将排名列在寇准之下。不久以后，他升到了宰辅之位，恐怕寇准心中愤愤不平，于是又请求太宗让参知政事和宰相轮流押班值印，一起在政事堂共事。皇帝对他如此信任和重用，他依然兢兢业业，毫无半点儿机心。

在应对大事的时候，没有一点儿机心是绝对办不到的。只有这样，才能做到柔中带刚、刚中有柔，进退有致。所谓“眼中形势胸中策，缓步徐行静不哗”。《菜根谭》教给我们一个为人处世的双赢之道，即我们绝不会对别人做出阴险狡诈之事，但是我们需要有一双明亮的眼睛，能够洞穿形势，做出明智而果断的抉择，别人如果对我们有所图谋，我们可以敏锐地洞悉到，然后迅速做出应对策略，不至慌了手脚。这样做起事情来，就不至出现大的失误。

作为世俗中的一员，我们心中都有自己的追求，我们都渴望拥有自己想要的东西，而这种追求，其实正是机心的一种。如果连这种机心都摆脱了，就更别提权谋之术了。有道是“沧海横流，方显出英雄本色”，心中没有各种阴谋权术，同时也能够笑傲江湖，这才是美好的生活。

◎当断不断，反受其乱

人肯当下休，便当下了。若要寻个歇处，则婚嫁虽完，事亦不少，僧道虽好，心亦不了。前人云：“如今休去便休去，若觅了时无了时。”见之卓矣。

——《菜根谭》

人不论做什么事，在应该罢手不干时，就要下定决心结束，假如犹豫不决地想找一个好时机再做了断，那就像男女结婚，虽然看似完成了终身大事，但接踵而至的家务事和夫妻儿女之间的问题还是很多。人们别以为和尚道士好当，其实他们的七情六欲也未必全除掉了。古人说得好："现在能罢休，就赶紧罢休，如果说找个机会罢休，恐怕你就永远没了罢休的机会。"这的确是极为高明的见解。

当断则断，该放弃时，不要犹豫，做人做事，就怕欲走还留，斩不断、理还乱。每个人都应当学会做事的分寸，懂得做出选择的时机。有些事情，我们认为应当停止时，便要马上停止，别再让麻烦继续，避免影响自己的生活。就像工作和休息之间的辩证关系一样，如果想寻找一个安闲的时候再停下手头的工作，等么你将永久找不到这个机会。"公事未完还有私事"，工作是永无尽头的，如果硬是等待，什么时候都不会有结果，必须自己当机立断，做出取舍。

在这里，《菜根谭》告诉了我们两点：

第一、有些包袱是一定要丢弃的。现实的工作，思想的重压，都要寻找一个机会放下来，不能无休无止地承载压力。

第二、放下重压，不能被动地等待机会，而是要主动丢掉，甚至需要在意识到问题时，立刻丢掉。不然，就会一直活在麻烦之中，没完没了地做思想斗争，最后就是到死也没有丢弃这些烦心事。

退休后的朱镕基总理，有一个原则：坚持不谈工作。要知道，他是拥有很高资历与威望的前任国务院总理，站在风口浪尖的中心，曾经无数的工作缠身，日理万机。从这样的角色中解脱出来，将自己视为"一介草民"，与民同乐，需要多么宽广的胸怀与巨大的勇气啊！由此可见，朱总理就做到了“得休便休，了时无了”，退休后就马上退出了工作的舞台，再也不过问任何工作。

在现实中，在人们惯常的想法中，就算一个乡镇党委书记退下来，也仍然“牛气冲天”，经常被邀请回去“指导”工作，更不用说前任的国家总理了。可是朱总理却能够说放下就放下，言行一致，表里如一，丝毫不留余地，彻底过起了休闲的生活，这才是大智慧，大眼界，大胸怀。

“如今休去便休去，若觅了时无了时。”这正是《菜根谭》的见解高明的地方。我们身边多数的人，他们都是不到实在扛不动了，就不想停下来，一辈子被名所累，被利所困，掉进名利的大网中不能自拔。明明知道工作很累，需要休息，该急流勇退了，但就只是在嘴上说说，不见行动。有多少人能像陶渊明那样，不恋功名而毅然回归田园呢？几千年的历史下来，很少有人可以做到，总是欲走还留，欲罢还休。

汉代的张良以“勇退”而保全自身，韩信却因贪恋功名而被杀掉。如果不能及时放下，有时后果就是这么残酷。事业和权势，对于每一个人来说，都有着相当强烈的诱惑，让人沉浸其中，不可自拔。人们当然都很钦佩陶渊明不为五斗米折腰的精神，非常欣赏张良看得破世事而退隐山野的选择，但轮到自己又当何如呢？

总是说着容易，做着困难，于是大多数时候还是藕断丝连、难断难了。只有那些伟人或者明达事理的人，才可以看透这一关。他们对于大事有了了悟以后，万事都可以罢休，没什么值得计较的。这就是他们高于常人的地方，在问题和选择面前，他们当断则断，绝不犹豫，所以既能成就大事，又可以退得潇洒。这才是智者的处世哲学呢。

◎少则得，多则惑

多藏厚亡，故知富不如贫之无虑；高步疾颠，故知贵不如贱之常安。

——《菜根谭》

财富聚集得太多的人，他们总是在忧虑自己的财产会被别人夺去，由此可见，有钱的人还不如贫穷的人过得无忧无虑；那些身份地位很高的人，总在担心自己的地位会被别人夺走，这表明，做官其实还不如平民过得逍遥自在呢。

俗话说："贵人处富如贫，穷人处贫如富。"富人虽然有钱，却总觉得自己很穷；穷人虽然没钱，但有时也过得和富人一样，觉得没什么可忧虑的。是什么造成贫富、贵贱之间的强烈反差呢？关键还是一个"钱"字，有钱的人要去赚更多的钱，又担心自己财产的安全，怎能不整天提心吊胆？有钱有势的人，要保护自己的财产，又要站稳自己的官位，怎能不整日战战兢兢？平民百姓虽然贫穷，但他们量入为出，反能贫中有余，知足常乐，过着无官一身轻的生活。

对于我们来说，内心的欲望如果太强了，老想往上爬，对于个人荣辱得失的计较太多了，结果就会不怎么美妙，因为这个人必然总是处在一种不满足的状态中。就算得到的够多了，他也觉得不满，于是担心、忧虑、算计，白白增加痛苦和烦恼。

从做人的角度来看，我们每一个人都向往逍遥自在的生活，但是，如果仅仅环境能使你逍遥自在，衣食无忧，内心却不能排除世俗的杂念，心时时被欲望所俘获，那么不论处在哪一种好的环境中也是无济于事的。我们必须在心性的修养上下功夫，不求富，不求贵，顺其自然，视荣辱名利为身外物，达到“老僧入定”的不动心境界。不做财迷，不生官瘾，就自然没有痛苦，也就没有灾祸了。

孔子云：“六十而耳顺，七十而从心所欲不逾距。”就是属于“来去自如，融通自在”的修养功夫。做人要摆正自己的位置，即人贵自知；不属于自己的东西不去强求，人贵自然。富了又怎样，穷了又如何？这样去思考问题，我们才可能超凡脱俗，不计是非恩怨，拥有一份洒脱的气度，增加一份人生的真趣，进而达到不动心无所求的自如境界。

现实生活中，很多人都在忙着求富求贵，有了富贵就想一直占着，不想失去。这就是贪心的来源。许多贪官，都是倒在这上面。他们不想过穷日子，只想每日敛财，越多越好。随着不断地索取，他们就在这条不归路上，越走越远，直到再也无法回头了。

不过，对于那些真正的人民公仆来说，再高的职务，都是为百姓服务的，也都是施展抱负的平台。他们的心中没有私利，只有公德。就像“前有召父，后有杜母”。这样的人，对于财富，对于名利，就比较看得开了。当他们处于高位时，忧虑的不是自己的名利能不能保住，而是天下的百姓是否过上了幸福安康的生活。处于贫穷时，他们担心的也不是自己的处境如何，而是百姓的生活能否过得去，自己热爱的国家是否安定太平。

汉元帝的时候有一个故事，说的是九江寿春人召信臣，他在南阳郡做太守，劝民农桑，去末归本，为政勤勉有计谋，史载他“好为民兴利”。他为了使老百姓尽快富起来，亲自指导农耕，常出入于田间，住在民家，很少有安闲的日子。在他的治理下，南阳郡“百姓归之，户口增倍，盗贼狱讼衰止”。“吏民亲爱信臣”，人民尊他为“召父”。这就是召父的故事。这样的人，就是富而能忧天下，贵而知疼民心。

你看，这才是一种真正超脱的境界，算是活明白了，活出了幸与不幸的味道，看透了人世间的真谛，也就找到了幸福的大门。这样的人，即便拥有的财富多了，依然像贫穷时一样节俭低调；身份和地位高了，仍要回归常人的生活。这才是豁达的处世态度，是看破了名利的真正体现。

◎得意时淡然，失意时坦然

苦心中常得悦心之趣，得意时便生失意之悲。

——《菜根谭》

处在困苦和逆境中时，常能感受到追求成功的喜悦而觉得乐趣无穷；顺心得意时，因为面临着顶峰过后的低谷，往往也会潜藏着失意的悲伤。

人们在现实中总是很容易被那些未来可能发生的事情影响情绪，而不仅仅是现在的境遇，这也是一种很自然的情况。比如当你现在很困难，什么事情都不顺利，但你会想到，只要自己渡过了难关，解决了问题，那么将来的成功就会指日可待。想到这里，你的心情可能就会非常喜悦，完全没有一点儿痛苦的感觉。这是期待的力量。反过来说，很多人取得成功之后，却变得闷闷不乐，因为他们也想到了高峰过后是低谷，成功不可能是永恒的，将来自己会面临一个波谷调整的时期。那么，他的心情就会变得与当前的成功状态格格不入了。

这就是苦中有乐，乐中有苦。我们如何处理这种情况呢？

首先，我们要有足够的勇气昂首挺胸地面对苦。在困境中，当挫折到来时，充分利用这种苦中有乐的心理，尽快地帮助自己渡过难关，舒缓心理，迎接成功的到来。

其次，我们也要调整和平衡自己的心态，接受乐中有苦的现实，激励自己将事情做得更好，顺其自然地面对哪怕很快到来的低谷。只有这样，我们的人生才会坦然而愉悦，任何变故都不会影响我们的心情，破坏我们的幸福。

作家奥斯特洛夫斯基说：“我活着的每一天都意味着和巨大的痛苦做斗争。”当他取得了创作上的辉煌成就后，非常欣喜地总结：“再没有比战胜种种痛苦更使人感到幸福和快乐的了。”他的话非常精辟地为我们总结出了如何苦中作乐——只要将眼睛盯在奋斗的目标上，任何困境对于我们而言，都不过是小菜一碟，没什么了不起的。还有“钢铁战士”刘琦、张海迪，他们不但克服了残疾之苦，拥有战胜病魔的意志和毅力，还为世人树立起值得学习的榜样，这都顺应了《菜根谭》中倡导的这种心灵的境界。

但是在现实生活中，更多的是下面这种人：他们在一无所有时，拼命地奋斗，脑海中充满对未来成功的想象，这时他只会品尝到即将成功的快乐，至于忧愁、困难，在他看来都是暂时的。可是一旦成功，拥有了财富、地位，得到了想要的东西，人就变得患得患失了，害怕失去，整天活在焦虑之中。

我有一位朋友，就是如此。他刚起步创业时，穷得兜里没有一分钱，面临的困难也很多，但他的干劲十足，天作帐，地当床，披星戴月，啃咸菜条，吃硬馒头，没有一句怨言。我那时跟他通电话聊天，他总是对未来充满希望，已经看到了自己既将有所作为的美丽前景，浑身上下充满了积极的斗志。

经过几年的努力，他的企业在青岛站住了脚跟，年盈利虽然不多，但也有上百万，足够一家人的幸福生活所需了。可是最近我去看他，却发现他的情绪很是低落，而且已经不是一天两天了。我问他怎么了，他满口都是公司的经营情况，担心这个，忧虑那个，总怀疑市场会不会变，产品能不能卖掉，以至于吃不香睡不着，年纪轻轻的，额头的头发都快掉光了。

他就是一个很典型的例子，苦中可以作乐，但当乐来了，又开始作苦。心态摆不正，即使幸福来了，也只能短暂停留，早晚会溜走的。

我们每个人都应该明白，任何事情都是在发展变化的，苦悲可以转化，得失不是永恒。在这样的情况下，我们用什么样的态度对待人生，人生就会回报给我们什么。如果你耳目所触尽是悲苦，那么你就容易产生悲观思想。如果你总能看到积极的一面，那么不管环境如何变化，你都能享受到生活的乐趣。

一个人如果不及时彻底铲除苦恼的根苗，等到得意过后，失意的悲哀就会接踵而来。我们应该明白，人不能因为一时的得失决定自己的一生，也不能因一时的苦乐而放弃人生的奋斗。

◎拿得起放得下才是英雄本色

宇宙内事，要力担当，又要善摆脱。不担当，则无经世之事业；不摆脱，则无出世之襟期。

——《菜根谭》

天下的事情，既要有勇气去担当，又要善于及时地摆脱和放弃。如果不勇于担当，就没有立足于世的事业；如果不懂得摆脱，就没有置身于事外的胸怀了。

我们来到这个世界上，为了生存，为了糊口，同时当然也为了更高的追求，去承担一些责任，做一些于己于人都有益的事情。但我们也应当知道，在适当的时候，应该做到敢于放下，摆脱烦恼，果断地跳出局外。既要拿得起，又要放得下。一个人，应该具备这种胸怀，才能在生活中品尝到奋斗与超脱的快乐，不至于眼光狭窄，或因胆怯而失去机会，或因过于在乎而迷失在局中。

从根本意义上讲，在事业上，不论我们是成功还是失败，是拥有了幸福还是正经历灾难，这些或让人悲伤、或让人兴奋的经历，对我们的人生来说，都只是一种注定会成为历史的过眼云烟，彼此之间并无实质区别。它们不过是我们生命中必须经历的过程而已。有兴致有力气的时候去体验一下，差不多了，累了，就放下来，去休息。明白了这个道理，我们才能突破人生的瓶颈，进入更高层次的追求。对于我们来说，还有比成功和荣誉更重要的东西，那就是凌驾于一切成败祸福之上的休闲与安宁。

西汉名将卫青，就是一位既有大无畏的担当精神、又有放得下的宽广胸怀的著名军事统帅。汉武帝登基初期，匈奴不断进犯边疆，杀伤百姓，抢掠财物。当国家需要优秀的帅才挺身而出时，卫青作为骑奴出身的将领，毫不犹豫地担起了皇帝给予的重任，五次出征，均取得大捷，重创了匈奴。一时之间，风光无两，他成为了当时汉朝最重要的军事统帅，到达了个人人生荣誉的顶峰。

但是，当皇帝开始重用另一位天才的年轻将领霍去病时，卫青也没有因为嫉妒和对权力的痴迷不肯让位，而是果断地选择了放下手中的权力，在自己人生的黄金年龄退隐在家，不干涉政务，不出头露面。这一退就是十几年，一直到去世，始终没有发出半句怨言。

正是由于这种高贵的品格，在他死后，他得到了葬在汉武帝陵寝旁边的至高无上的荣誉，留名于青史。

拿得起，放得下，卫青可谓当之无愧。但是有些人，就截然不同了。比如明朝的开国功臣胡惟庸，他是一个干实事的人，办事能力很强，因此得到朱元璋的宠信。本来就是一步登天，再加上被皇帝宠信，胡惟庸有点儿忘乎所以，渐渐变得骄横而狂妄。明朝建立后，身居丞相之位的他，位极人臣，总理国政，不思退，不思危，不但放不下，反而培植党羽，妄图殊死一搏，落了一个身死族灭的结局，非常悲惨。

在生活中，有些人拿不起，遇到困难就想逃跑，就是不敢尝试一下；还有些人则是放不下，看到同事升了职，比自己的权力大了，就想背后使坏。有些人，发现事情不顺利了，应该放弃而改寻他途时，不舍得放手，非得一条道走到黑，不到黄河不死心，不见棺材不掉泪。这两种极端，都是要不得的。

我们眷恋于功名，执着于某些事情，这当然不是一种坏的品质，但入世再深，也不要忘了它的限度。有些事情，当你不适合去做时，就应该及时地放下；有些烦恼，我们也应早早地预感到，及时地避开，不要陷身其中。

明明做不到的事情，那些难度很大、可望而不可即的事情，你偏要去做，一定会被压得喘不过气来。每个人，都应当量力而行，该放就放，放下重压、名利、虚荣，才能在一种轻松的节奏中，真正收获属于自己的那一份成功。

我们都知道，当一个运动员思想负担特别重的时候，哪怕他平时训练的水平很高，正式比赛的时候往往赛不出好成绩。而有些刚出道的运动员，他们没有什么明确的目标，抱着学习、积累经验的态度来参赛，反而会成为黑马，赛出惊人的好成绩。正是这一种放下的心态，促使他内在的潜能爆发，使他不必考虑后果，没有思想压力，从而发挥了全部的能量，甚至超水平发挥。

归根结底，我们不要过高地估计自己对于他人或社会的重要性，要重视自己的生活质量，活得坦然和自在。人生一世，草木一秋，如果没有担当生活的勇气，人活着与蝼蚁何异？当然这不是最可怕的，更可怕的是，我们真的像蝼蚁那般活着，整日忙碌，而不知活着为了什么，一些早该放下的担子、重石，却还在肩上挑着。不知道放下，这才是最悲哀的。

能进能退，有舍有得，有担当也懂得摆脱，这是为人处世的最高境界。

◎人生的绝顶智慧在于洞悉万物

山河大地已属微尘，而况尘中之尘；血肉身躯且归泡影，而况影外之影。非上上智，无了了心。

——《菜根谭》

山川大地与广袤的宇宙空间相比，只是一粒微尘，人类不过是微尘中的微尘；我们的身体相对于无限的时间来说，只相当于一个泡影那么短暂，外在的功名富贵更加不过是泡影外的泡影。所以说，如果不具备一种至高的智慧，就没有一颗能够洞彻真理的心。

为什么这么讲呢？因为我们的智慧总是跟生活阅历相关的。人的年龄越大，经历过的生与死就越多，见多了生老病死、悲欢离合，从中得到的体会当然也就更深刻了。所以，慢慢地接触到了“上上智”，有了“了了心”，看透了世间万物，知道了自己应该怎么处理事情，待人接物。这就是聪明与愚蠢的区别，只有真正聪明的人，才能洞察真理，击败那些愚笨的人，占据最多的社会资源，支配大多数的社会财富。但是，做到这一步，显然只是一种中智，还不是最高的智慧。只有能够看穿财富的本质，明白那不过是水花泡影，知道人生的短暂，才算真正明白人生的本质，懂得幸福的真义。

每个人都需要智慧，犹如土地要有水一样。土地没有水，就变成了一片焦土，人没有智慧，就变成了行尸走肉，成了让人利用的工具。也就是说，智慧在生活中的运用，就好比水在土地上运行一般。只有地势低凹的地方，才能积水，地势高处，只可见一片干枯的岩石。由此可见，得到真正的智慧，除了看透世间的规律，还需要我们时刻保持一种谦虚的品格，一种好学和自制的优秀作风，才能逆流而上，打败那些骄傲自大的人，成为人生的大赢家。

我们遍观古今中外，在成败得失的众多事实中，几乎没有一件不是如此。就像从前本处于绝对优势的夏桀和殷纣，他们盲目自大，目空一切，表现得十分愚蠢；而处于劣势的商汤和周武王却很聪明。齐楚燕韩赵魏六国，联合起来力量很大，但却起不到什么联合的效果；秦国势单力薄，却能用最聪明的方法击败它们。再比如楚汉相争时的项羽和刘邦，虽然楚王项羽的势力极大，兵多将广，却在跟刘邦的对抗中败下阵来。就是因为刘邦能够摆正位置，有大智慧，可以蓄水，而项羽却只能放水，一高一低，对应的却是一生一死，楚灭汉兴。

大事是这样的，那么小事情也就不言而喻了。我们的生活中总是充满了无数的例子。比如，成功者和失败者的区别是什么呢？最大的区别，就在于他们说话做事的方式和姿态不同，境遇也就有天壤之别。智者总是可以让对方说出想说的，可是愚者却没有什么倾听的耐心，他们只想表达，不懂得退后或妥协的重要性。

这些都告诉我们，智慧与阅历有关，但更与姿态有关。人的阅历多了，智慧不一定就增加，反而可能减少。一个阅历多的人，他可能十分愚笨，因为他被过去的旧经验堵塞了头脑，以为自己无所不能，从而骄纵自大；而一个阅历少的人，可能没什么经验，但因为他乐观面对人生，谦虚好学，干劲十足，却能在实际的生活中表现出足够的智慧。这就是两者之间的区别。

◎为人处世的至高境界——看透一切，包容一切

缠脱只在自心，心了则屠肆糟糠居然净土。不然纵一琴一鹤，一花一竹，嗜好虽清，魔障终在。语云："能休尘境为真境，未了僧家是俗家。"

——《菜根谭》

摆脱烦恼主要取决于我们对自己意志的控制，只要心中纯净，即使身处屠宰场或杂货店，也会觉得那里是净土一片。否则纵然与琴鹤结伴、与花卉结缘也没有益处，心中得不到平静也是枉然。有人说："内心清净，尘世也为圣洁之地；心存杂念，出家亦难摆脱烦恼。"现实确实是这样！

现实中的人们有越来越多的追求，越来越多的欲望，因而，人们总是在争权夺利、尔虞我诈的环境中挣扎，如果总是这样，我们的内心怎

么会得到清净呢？不但得不到清净，我们还会活得很累，就像在心里绑上了一块大石头！

有很大一部分的人，当他看到一些人和事对他有好处的时候，就会千方百计地尝试去接触和交往，如果看不到其中有利可图，他们则绝不会去看上一眼。其实清净来源于自己的内心，根本不必从外界找寻。有的人试图借助外物寻求，最终才大彻大悟：原来清净就深锁在自己的内心深处啊！在我们的内心里，最喜欢过的还是那种恬淡闲适、无拘无束的生活。可偏偏事与愿违，我们经历的事情多了，身处这个时代的涡流中，往往总是身不由己，人前强颜欢笑，背后总是郁郁寡欢。一旦被世俗奴役住了，所有的清净、知足、宽容、轻松，全部都消失了。

“看透一切，包容一切”这八个字，对于每一个人来说，都绝不是轻而易举就能做到的，但等你做到的时候，你就已经成功了。只有当你真正放下尘世间一切功名利禄的时候，你的内心才会达到真正的清净。只是人们往往摆脱不了缰利锁的纠缠，贪念欲望无时无刻不在内心作祟，烦恼也纷至沓来。

也许漫长的时光磨损了我们的戾气之后，我们就会回归清净了。在那许许多多的艰难坎坷之后，才会发现经过眼泪和悲伤之后，生活依然故我，并不会因为你怎么样了这个世界就会停止转动。也许一开始你是无奈地接受了这一切，面无表情地从痛苦中走出来，然后继续过着自己的生活，但是时间久了之后，你就会发现自己的生活原来是这样的平静和安乐，原来只要不出什么事情，就这样平静地过完一生也是舒适的。就比如人们常说的，不要求过得有多好，只求粗茶淡饭，安安乐乐地过完这辈子，足矣。看看那些在春日暖阳下坐在摇椅上晃晃悠悠的老人，你就该明白，清净而安乐地过日子，才是最让人满足的美好生活。

我们有时会在旅行中自得其乐，比如踏高山，游林间，那种悠闲的趣味让你找到了瞬间的快乐，“竹林风起一如涛，琴声缈缈箫音辽辽，暗里只觉芳华俏，且自逍遥”。在群山清幽之中，我们要试着平淡做人，试着寻到真正的快乐，从内心中去寻找属于自己的清静！

第六章

活出品位，追求高雅的生活情趣

〇智者追求的是内在修养和审美情趣，只追求物质享受的人是单调肤浅的，很难会有幸福的感觉。

〇做人做事，应循着人的本性，顺其自然，不勉强才会活得轻松自在，否则就是苦海无边。

〇心情好，眼里的世界便是好的；心情不好，眼里的世界便处处不遂人意。对个人来说，心便是世界，内在的品位便是人生的终极滋味了。

〇生活中，俗即是基础，雅即是升华，人生既要有俗的玩乐享受，也要有高雅的追求，否则就只能活成行尸走肉。

〇打破欲望的桎梏，彻底摆脱它们，以轻松畅意的心情生活，想不幸福都难！

〇能成功者都是脚踏实地奋斗的人，那些不切实际、空洞的想法只会让自己陷入无尽的失意之中。

〇适时地给心灵放个假，经常亲近自然，惬意的生活就会在不知不觉中融入我们的生命。

◎幸福的生活，需要有高雅的生活情趣

徜徉于山林泉石之间，而尘心渐息；夷犹于诗书图画之内，而俗气潜消。故君子虽不玩物丧志，亦常借镜调心。

——《菜根谭》

人如果经常漫步在山川林泉岩石之间，受到美丽景物的影响，内心的俗念就会逐渐消失；人如果能经常流连于诗词书画的雅境之内，就会由于美好高雅气氛的影响，而逐渐使身上庸俗的气质消失。一个有才德修养的人，固然不会沉迷于飞鹰走狗而丧失本来的志向，但是他也需要经常找机会，接近大自然，调剂自己的身心。

现代社会的人们，过度地追求物质享受，忙着赚钱、出名，却忽视了内在修养和审美情趣。眼睛只往外看，手只往外伸，拼命地争名夺利，却忘了拿出时间看一下自己，审视一下内心，提升一下内在的修养。一个人如果只注重物质享乐而不去寻求精神上的自由和快乐，不懂得陶冶性情，那么这个人会变得很单调、肤浅，全无修养气质可言。

记得李敖在一次节目中调侃郭台铭。他说郭台铭的书房里有一块大匾，上书“金玉满堂”四个大字。这四个字源出《老子》第九章：“金玉满堂，莫之能守。”意思是说，金玉财宝即便堆满了屋子，最终也守不住。李敖嘲笑这位台湾首富，说他是一个没有学问、俗不可耐的土包子。

古代许多才子名士喜欢遁隐幽岩泉林，躲避尘世的喧嚣，他们钟爱那种返璞归真、与世无争的生活，内心毫无杂念。他们有着高雅的人生志向和生活情趣，他们的诗文也深具灵性，不染一丝尘世俗气，从他们身上散发出来的品性修养，也是世俗之人无可比拟的。

常言道：近朱者赤，近墨者黑。一个人的生活情趣，与他所生活的环境有很大的关系。这就是环境决定人生的理论，处在物质至上的世界，这个人就变得追名逐利，全部的爱好和热情都放在了钱、车子和房子上；但如果他生活的环境是一个比较平和、艺术修养程度高的家庭或社会，他的生活又会大不一样。

一个人若是徜徉山水，一石一木、一花一草都深深地印刻在他的心里，他内心的尘念便会逐渐消失，变得空灵脱俗；一个人若是沉浸书画、寄情文字，流连在琴棋书画的雅境之内，潜移默化地受到高雅艺术气息的熏染，也会变得非常有学识，身上的庸俗气质也会逐渐淡去，而谈吐见解亦自不同凡响。

一个人若是每天与金钱、权势打交道，对金钱的崇拜、对权势的欲望充斥着他的内心，支撑着他的精神世界，试想一下，这个人的性情修养会如何？答案是毋庸置疑的：俗不可耐，不俗才怪！

在现实生活中，我们所追求的不应该仅仅是物质上的东西，更多的是心灵上的慰藉，精神生活的充实。一个人的学识品性、谈吐气质，往往都表现出他平日在生活环境中的积累。

《资治通鉴》里有一则“孙权劝学”的故事。说的是三国时期的吕蒙只会带兵打仗，而胸中全无学问策略，于是孙权就对他说：“你现在掌管军政要务，应该多读点儿书。”吕蒙以军中公务繁忙为借口搪塞，孙权就劝告他：“我难道是要你做专攻翰墨的文学博士吗？只不过让你涉猎一些，多了解一下历史罢了。你说你公务繁忙，难道忙得过我？我常常读书，自觉学识修养颇有进益。”

于是吕蒙听从了孙权的劝说，发志读书。后来鲁肃途经寻阳，与吕蒙一席交谈之下，不由得大吃一惊，道：“您现在的才识谋略，不再是当年的那个吴下阿蒙了！”

这就是人们后来常说的“士别三日，当刮目相看”的典故来源。由此可见，一个人的气质内涵，都是后天培养和训练的结果，从来都不是先天注定的。

我们若是想做一个高雅脱俗的人，就要学会融入自然，多出去感受一下大自然的幽雅环境，调节身心愉悦的情绪，达到心灵上的虚静、安适。工作之余，不妨涉猎一些琴棋书画，在耳濡目染的书香气氛中陶冶和升华自己。

一个生活情趣高雅的人，言谈举止中散发出的睿智和知性，总会给人以舒服和亲切的感觉，这样的人，他在工作和生活中的朋友就会越来越多，交际圈子也会越来越广，在为人处世方面就会愈发得心应手，圆转如意。

不过，在培养和提高生活情趣的同时，我们需要提防的就是，千万不可玩物丧志，因过度沉湎其中而步入了另一个极端。现在有很多人，他们虽不爱钱，但却耽于享乐，喜好一些纯娱乐性的事物，将其当成了生活的主料，投入了全部的精力。这也是很可悲的。结果就是，耽误了工作，影响了家庭幸福。

像博彩、赌球这些不良喜好，很多人都沉迷其中，甚至连每月的工资都投到上面了，结果自然是很惨的。不少人不但没有发财，反而背上了重债，妻离子散，一生都毁在了上面，这是我们每个人都需要引以为戒的！

◎多一些率真，少一些功利

幽人韵事，总在自适其情。故酒以不劝为欢，棋以不争为胜，笛以无腔为适，琴以无弦为高，会以不期约为真率，客以不迎送为坦夷。若一牵文泥迹，便落尘缘苦海矣。

——《菜根谭》

对于生性闲散、内心清净而俗事又少的人来说，一切都会以适应自己的本性为原则。因此，就算喝酒时谁劝他，他也不会多喝，以适量为乐；下棋只是消遣，以不争胜败的心态为胜；吹笛也只是为了陶冶情趣，以不讲求旋律为一个合适的尺度；弹琴的目的只是为了消遣和休闲，以无弦之琴为最高雅的境界；和朋友约会是为了联谊，以不受时间的限制为真挚的追求，从不在乎小节；客人来访宾主尽欢，以不送往迎来最为自然。反之，假如有丝毫受到世俗人情礼节的约束，我们就会落入尘世苦海，毫无乐趣而言了。

作为普通人，我们在为人处世的时候，很难跳出一些基本的世俗礼法的圈子，无法达到古人那种万事随心、率意而动、自由率性的逍遥境界，有时候甚至是说话都言不由衷，做事都身不由己，每天这样的生活，常常感觉身心疲惫。这是因为率真的本性被束缚住了，心灵蒙上了一层功利的阴影，被绑上了礼法的绳索。

晋朝的时候，阮籍的嫂子回娘家，阮籍与嫂子相见，前去送别。在晋朝那个礼教森严的时代，这是为礼法所不容的，因此就有人讥笑他，他却不屑道："礼岂为我设耶！"

他的邻居是位美妇人，她当垆卖酒，阮籍曾去饮酒，喝醉了便卧倒在妇人身侧，不以为意。还有一次他听说有一家人的女儿才貌双全，虽然并不认识亡女的父亲和兄长，但还是前去哀悼。

像阮籍这样率真的人，在古代还有许多。他们多是"越名教而任自然"的名士，他们的行迹洒脱不羁，常常寄情山水，冲破世俗礼法的束缚，寻求恣情畅意的生活方式，给后人留下许多让人神往的事迹。

读过《笑傲江湖》的人，对令狐冲的印象一定很深刻，他自然率真，不为世俗礼法所拘，喜欢结交朋友，不论善恶贫贱，只要言语投机，一概倾心交之。但他又不随波逐流，不与岳不群、任我行之流同流合污，在混浊的时代与环境中坚持着自己的操守。

举一个很简单的例子，比如在聚会上，一大堆朋友向你敬酒，你能说不喝吗？若不喝，那便是瞧不起朋友，至少朋友是这么认为的。若是你的酒量不错，那倒也没什么，但若酒量平平，还被朋友劝酒，那心里的滋味就不好受了。

有好多人常常抱怨，工作如何不顺遂，生活如何不如意。我想，原因之一，可能就是由于我们在现实社会中，身心总是得不到解脱，面对的现实与心中的理想有些相悖，甚至可能是背道而驰的。这样，我们做事情的时候，往往不能全身心地投入进去，所获得的结果也往往不如我们所期望的那么好。

我们生活的时代，使得我们不可能做任何事情都随心所欲，但是我们起码可以保持那份率真自然的心灵，做人做事要真诚，对待朋友更要真诚自然，不要掺杂太多的功利色彩。

每做一件事情，都要想着这件事会给你带来什么样的利益；每交一个朋友，都要考虑这个人会给你带来什么样的好处。这种时时刻刻都将功利铭刻在心中的人，会感觉到轻松惬意吗？

人生于世，应当畅情适性，如果不活得洒脱一些、自在一些，那么活着还有何意趣可言呢？因此，不要过于勉强自己，做人做事，还是需要由着自己的自然本性，让它顺其自然才好！千万不可勉力为之，尤其为了一些特别功利的目的。更不能让自己变得虚伪不堪，这样的生活持续时间长了，岂不就是苦海吗！

◎宇宙便是吾心，吾心即是宇宙

心体便是天体，一念之喜，景星庆云；一念之怒，震雷暴雨；一念之慈，和风甘露；一念之严，烈日秋霜。何者少得，只要随起随灭，廓然无碍，便与太虚同体。

——《菜根谭》

人类的精神本就是宇宙精神的本源，也就是说人的灵性跟大自然所表现的现象是一致的。人在一念之间的喜悦，如同自然界有景星庆云的祥瑞之气；人在一念之间的愤怒，如同自然界有雷电风雨的暴戾之气；人在一念之间的慈悲，如同自然界有和风甘霖的生生之气；人在一念之间的冷酷，如同自然界有烈日秋霜的肃杀之气。人有喜怒哀乐的情绪，天有风霜雨露的变化，都不过随着大自然的变化随时兴起和随时幻灭罢了，若是人的修养也能达到这种境界，那就可以和天地同心同体了。

在我们的日常工作和生活中，自身的心态和情绪对于学习、工作和生活，都相当重要。我们的心情如果高兴，看到什么都会觉得很舒服；心情如果抑郁哀愁，身边的事物也都会被自身的情绪所感染，即便是再美丽的风景，再美好的事物，也都会觉得厌烦无聊。如果一个人常常为一些鸡毛蒜皮的小事而生气，对什么都看不惯，那么他在工作和生活中的状态，就可想而知了；但若一个人心怀慈悲之心，以一种博爱的精神待人接物，那么他每天都一定会过得很开心。

生活中有许多人，在遇到一些困顿坎坷后，往往会变得情绪低落，对身边的任何事情都提不起精神来，与人交往时表现得很冷漠，最终自己的生活也越来越惨淡。

我们常见到这样一类人，开始时雄心万丈，心中装着万物，一副为国为民的壮志凌云之势。有的人可能有志于当一名优秀的企业家，赚很多钱，再做慈善事业；也有的人想成为伟大的政治家，救国救民，奉献一生。但是一旦做起来，你就发现完全不是想象中的样子。只是几个很小的困难，他就承受不住，撂挑子，放狠话，不停抱怨，将责任推给他人、社会，甚至诿过于国家，一副“我生错了时间、生错了国家”的样子。这样的人，他的心胸是很狭窄的。他不善于调整情绪，改变心态，这辈子都很难成功！

然而，也有一些让人尊敬的人，在困难和挫折面前，始终微笑面对，即使微笑的背后隐含着不为人知的辛酸和苦痛。这样的人才能够长风破浪，在逆境中坚强地生存下来。

读过美国经典名著《飘》的朋友，应该会对小说中两位男主人公——瑞德·巴特勒和艾希利·威尔克斯记忆深刻。这两个男人在南北战争结束以后，所做出的举动迥然而异。瑞德在巨大的灾难面前，瞅准了发财的机遇，开始倒卖物资，轻而易举地成了百万富翁。虽然他这种发国难财的投机举动受到人们的鄙视和厌恶，但是在那样动荡不安的年代中求生，恰恰反映出美国人特有的务实精神。而艾希利在经历这次巨变之后，整个人的精神似乎也随着战争的结束而消失殆尽，原来的贵族气质完全不复存在，变得颓废懦弱、浑浑噩噩，最后还不得不接受斯嘉丽的接济。

瑞德能够在乱世中生存下来，并且生活得很好，而艾希利却沦为了战争的炮灰，虽然他并没有在战争中死去，但已变成行尸走肉，与死人无异，只因他积极奋进的精神已经完全被摧毁。两个人为什么会出现两种截然不同的结果，说到底，还是由于这两人在战争的冲击下，有着截然不同的心态。瑞德愈挫愈勇，艾希利则志气消磨，永远活在过去。

这就是说，一个人情绪的好坏，对生活和工作的影响至关重要。因此，我们在生活中，应该努力控制自己的情绪，引导自己的情绪向健康有利的、积极的方向去发展，尽可能地趋利避害。

一个人的修养，若是能够做到不为万物所动，始终保持健康向上的心态，我想，对于他个人而言，一定会有极大的好处。

◎追求高雅，摒弃低俗

衮冕行中，著一藜杖的山人，便增一段高风；渔樵路上，著一衮衣的朝士，转添许多俗气。固知浓不胜淡，俗不如雅也。

——《菜根谭》

那些穿着华丽衣裳的达官贵人中，如果出现了一位手持拐杖、隐居山林的隐士，便可增加高雅的风韵；在渔人樵夫往来的路上，如果有一位穿着华丽朝服的达官显贵，反而会显得非常俗气。所以说，浓艳比不上清淡，庸俗比不上高雅。

高雅和低俗的对比，既是在讲心灵的审美，又是在比喻我们对待生活的心态。

佛经中有这样一则故事，五祖法演禅师说：“当水牯牛过窗棂的时候，为什么它的头和脚都能穿过去，可单单就是尾巴过不去呢？”

还有一个故事，说曾经有一个国王在夜里做了一个梦，梦见一头牛正在往窗外爬，它全身都已出去了，但就是尾巴无法出去，结果被窗子扣住了。

这其中蕴含着一个意味深长的哲理，它是在暗喻那些出家修行的僧侣，虽然舍弃了家眷，可是心里仍然止不住名利、欲望对他的诱惑。这里的牛尾，其实也就是世俗的名利了。

在生活中，我们都需要这个尾巴，以此来达到人生的审美境界，这是一种物质基础。如果脱离了身子，牛的尾巴也不再是尾巴，更别提超脱了。以此类推，牛的尾巴当然就是名利之念，可是，我们所追求的高雅与清淡，又何尝不是充满了功利呢？从这个角度说，浓和淡，俗和雅，并不是对立的，关键看我们用怎样的心态去对待和理解。

古时候有两个年轻的书生，他们都出身贫苦，一起寒窗苦读，十载之后，两个人的境遇截然不同：一个书生科举中榜，虽然没有位列朝纲，却也做了当地的一个县官，所捞的油水自然丰足，于是他买田、置业、盖房，每天吃珍馐，穿绫罗，吆五喝六；另一个虽然也是寒窗十载，却没有参加应举考试，而是拾起家中的几亩良田，娶了一房媳妇，虽不漂亮，却也贤淑善良，日子过得拮据，但尚能温饱。

有一天，两个人在闹市中相遇，大腹便便的“县太爷”一眼就认出了他，指着他讥笑道：“你看你现在寒酸落魄的样子，你再看看我，简直就是一个天上，一个地下呀！”县太爷身边的随从也附和着嘲笑起来。谁知那位书生只是淡淡一笑，说道："咱们的确是一个天上，一个地下。可是，是我在天上，而你在地下啊！"

县太爷笑得更大声了，引来众人围观。县太爷说道："我家财万贯，有一座富丽堂皇的宅子，家中有六七个老婆，你呢？亏你还在大言不惭！"那位书生又笑了，道："不错，你过的日子的确优越于我，可是你每天都被这样的生活禁锢住了，你的内心已经变得庸俗不堪了，自己尚不知道。相比之下，你还不如过去的你呢。而我虽然过得贫寒一点儿，可是日子很舒心，很踏实，我的心灵没有被束缚，可以自由自在快乐地生活。你也能过上这样的生活吗？"

县太爷听得目瞪口呆，怔愣在当地，而看热闹的人，也都安静了下来，慢慢咀嚼书生所说的话。

"浓不胜淡，俗不如雅。"从心灵的追求上讲，这是一种比较高的境界。为什么艳俗的事物，往往比不上雅致的东西，这是因为两者所包括的内涵是截然不同的。在生活中，我们需要那条尾巴，那尾巴就是庸俗。庸俗也是不可或缺的，因为只有相互比较，大家才可以看得到典雅的高贵，不是吗？

生活和工作，其实都是这个道理，俗是雅的基础，雅又在俗之上。两者都不可缺少。就像新事物必须依托于旧事物，循序渐进。而人生幸福的取得，来自于我们对事物本真的理解，倘若没有了那些很基础、很平常的东西，人就会滑到空虚的深渊，在功利中迷失。但是，如果只有这些世俗的玩乐享受，没有高雅的追求，我们也就变成行尸走肉，没有灵魂了。

◎淡泊明志，宁静致远

竹篱下，忽闻犬吠鸡鸣，恍似云中世界；芸窗下，雅听蝉吟鸦噪，方知静里乾坤。

——《菜根谭》

当你正在竹篱笆的外面欣赏林泉之胜，忽然传来了鸡鸣狗叫的声音，这时就宛如置身于一个虚无缥缈的快乐的神话世界；当你正静坐在书房里，忽然听到了蝉鸣鸦啼的声音，这时，你就会体会到宁静中别有一番超凡脱俗的天地了。

在现代社会中，人们为了在社会中立足，为了拥有财富，声名远扬，不停地忙碌奔波着。可是能不能先停下手头忙碌的工作，认真地想一想，自己的那颗心是否感觉到恬然和静谧?

我们每天徘徊在繁华喧闹的街头，一如既往地进行着快节奏的工作和生活，心中的那份静谧、那份安详、那份与万物冥合的超脱，恐怕早已被尘世的俗务羁绊了。

人们逐渐被社会环境所同化了，日复一日地重复着同样的生活，人也随之变得麻木起来，如同行尸走肉。很多人整日埋头于工作，唯恐丢失了自己的饭碗；有的人则一头扎进书堆里，生怕自己考试落榜，前途渺茫；还有一些人，每天为生活琐事斤斤计较，整天絮絮叨叨着生活中的鸡毛蒜皮的小事。

金钱、名誉、地位，一直充斥着我们的心灵，驱使着我们的行为，使我们完全失去自我，而内心的宁静也就荡然无存了。

小刘是一个很具有商业头脑的人，他从小就学会通过各种途径赚钱，心思全用在赚钱上，并且乐此不疲。他也很勤奋，以优异的成绩考上了最好的商学院，毕业后他用自己的精明头脑筹划自己的事业，于是很快拥有了属于自己的一家五金店。不到两年，他又开了好几家连锁店，拥有了相当的财富与名望。可是，在他的心里，并没有感觉到快乐，他觉得自己并不幸福。

追求金钱和地位，使小刘不能抽身去追求自己的幸福。被名利和欲望占据了整个躯壳，努力工作，努力赚钱，可是结果呢，自己最终也沦为了赚钱的机器。他的内心深处感受不到安静和快乐，身心得不到放松和自由，即便拥有亿万的财富，又有何用？金钱可以给我们带来物质上的满足，可是金钱绝对无法换来一颗静谧安然的心啊！

我们能否平静下来，仔细和冷静地思考一下，自己对现在的生活状态满意吗？这样的工作、生活和学习，是自己心甘情愿接受的吗？是否有违当初的理想和追求？自己的内心有没有得到过片刻的安宁？

有很大一部分人，他们在为功名利禄奔波劳碌的时候，内心已经被这些物欲占据了。心为形役，思想得不到自由，总是在做一些与自己的心愿相违的事情，但是又无可奈何。

如果一个人的内心世界都被欲望填充了，他就会变得很庸俗，甚至是低俗，就别奢谈超凡脱俗了。

试想一下，当你打破了所有欲望的桎梏，彻底地摆脱了它们，带着一颗轻松畅意的心面对身边的人和事，那会是怎样的感受？如果你能做到，那么我相信，你什么都能处理得很好，甚至会收获意想不到的惊喜。

诚然，古人似乎早已预示到今天的时代会演变成这个样子，所以早在几百年前就告诫我们：要做到心中安然恬静，不可因外物迷失自己的本性。当我们被俗务缠身时，想想古人闲适淡泊的心境，想想陶渊明，想想那些不为尘世所萦怀的贤人隐士。

身逢这样一个时代，我们当然不可能对任何事物都放得下，然而时刻在念，时常反观自身，庶几近焉！

◎繁华之春，不若求实

春日气象繁华，令人心神怡荡；不若秋日云白风清、兰芳桂馥、水天一色、上下空明，使人神骨俱清也。

——《菜根谭》

春天百花齐放，百鸟齐鸣，蓬勃朝气，使人感到精神舒适，心情畅快。但是却不如秋高气爽，轻风拂面，兰桂飘香，水天一色，使人感到精神爽朗，轻快异常。

随着物质的高度发达，现代化的生活如春日般繁华，到处都是享受的空间、机会。可从《菜根谭》来看，却不如秋日的平淡真实能够触动人心。我们与古人一样，只为了追寻那一份平淡的美，只为能拥有一位知己，此生便可了无遗憾。这是一种什么境界呢？就是精神和心灵上的追求，远远胜过物质的拥有。

不管一段爱情开始得多么轰轰烈烈，最后都会如水一般平淡。情爱在最浓时，人心迷失其中，就容易忘了秋天一定会到来。但是倘若我们早就有这种心理准备，不过分地迷恋和沉醉在短暂的甜蜜中，多一分理解，多一份包容，那么在平淡来袭时，我们每个人都能顺利度过，品尝到平淡里包含的美好，体会到秋日的清朗自然。

古典的友情有一种惺惺相惜的美。长亭外，古道边，总会有“桃花潭水深千尺，不及汪伦送我情”的浓浓情意。不论地位悬殊，不论年龄差距，只有真心相待。就像子期与伯牙的友情，更是一段隽永的传世佳话。他们就是看透了春华与秋实的前后关系，不求一时的拥有，只求这份友谊天长地久。古人所说的，君子之交淡如水，正是此理。

人们的豪情壮志，也应该有一种无怨无悔的境界。不管是“应念岭海经年，孤光自照，肝肺皆冰雪”的坦白和豪迈，还是“拂拭腰间，吹毛剑在，不斩楼兰心不平”的坚韧不拔。这些诗句，无不穿透春华，直奔秋实。这都是令人敬仰的理想主义，更是一种超脱世俗的激情和信仰。

在高效率、快节奏的现代社会，我们每个人都应该停下自己的脚步，转过身来，平心静气地观察周围的点点滴滴，享受生活的平淡，追求心灵的平静。做人，不势利；做事，不功利；人生，有理想。抛开春天般花团锦簇的外衣，守住秋日般平淡之美，你就不难发现，我们苦苦追寻的，原来一直都在我们身边。

繁华之春，不若求实。只要抛开那些空洞的、不切实际的想法，用心去感受生活中的点点滴滴，就能体验到绵长和永恒的美好了。

◎逍遥的人生境界——浑然忘我，物我偕忘

帘栊高敞，看青山绿水吞吐云烟，识乾坤之自在；竹树扶疏，任乳燕鸣鸠送迎时序，知物我之两忘。

——《菜根谭》

高高地卷起窗帘，望见烟雾迷蒙的青山绿水，才明白大自然是多么的逍遥自在；窗前的花木茂盛，翠竹摇曳生姿，乳燕鸣鸿，冬去春来，凌空飞过，使人理解到物我一体，到达物我两忘的境界。

在生活节奏越来越快的现代社会，我们需要具备什么样的心态呢？如何才能更好地适应今天的激烈竞争，用最恰当的态度迎接生活中各式各样的挑战？在这里，《菜根谭》已经给出了答案：平和。

老子云：“人法地，地法天，天法道，道法自然。”概括说来，就是我们应当以自然为师，向自然学习，从而达到一种物我两忘、乾坤自在的感觉。虽然自然乾坤万物时时变换，人间俗世并非事事尽如人意，但如果我们能够始终以一颗平和的心对待，不管看什么，就都觉得是美丽的景色了；无论遇到什么事，就都可以淡定自若地面对了。

文学大家钱锺书对人生的态度就非常平和，在其名作《围城》发表并且十分畅销后，许多媒体希望能够采访到他，均被他一一婉拒了。文人向来喜欢求名，可钱锺书却是一位真正能做到甘于寂寞、不求闻达的学问家。他只是喜欢潜心读书、埋头做学问，不喜欢多去拜访亲朋好友，也不喜欢外人前来拜访，客人来的时候，他通常是以生病为由谢

绝。信函堆积如山，他也置之不理，时间全部花费在潜心求学问上了。

我们还可以看看悉达多成佛的故事。相传，悉达多太子独自一人走到一棵枝叶繁茂的毕钵罗树下，拾了一些草叶铺了一个座位，他面向东方，盘腿静坐，当时发下了一个誓愿："我若不能证到无上大觉，宁让此身粉碎，终不起此座！"

终于，在一天凌晨，悉达多太子战胜了最后的烦恼，获得了彻底的觉悟，成了大智慧的佛陀。他只是感到他的思维在扩大、在升腾，已经和宇宙融为一体了。可以这么说，如果没有那棵菩提树，悉达多就难以觉悟成佛。

这个故事说明了什么呢？那棵菩提树就是一种自然的参照物。其实，这个映入我们内心的参照物，既可以是菩提树，也可以是大海高山、雷鸣闪电，更可以是春花夏月、冬雪秋风。凡是自然界里一切活泼而有生命力的事物，都可以让我们"物我归于一如"。问题的关键就在于，我们能否摆脱现实的烦恼，离开都市的喧嚣，主动去接近自然风光，享受大自然的一切，全身心地投入到生机无限的自然之中。

现在不少成功的企业家，他们在周末都会去郊区度假，在那里寻找一处安静的地方，看山嬉水，享受自然，思考生命的意义。这种方式，就是一种对于物我两忘境界的追寻。

在激烈的市场竞争和快节奏的都市生活中，人很容易迷失自己，忘了内在的心性，失去了本原的自我。在这种浮躁的环境中，人的追求也会慢慢地趋于功利，思想被物质的欲望所俘获，渐渐地就会做出违背内心的事情。

所以，我们不妨效仿一下这种方法。在忙碌工作一周后，放下手头繁忙的工作，离开办公室，去郊外欣赏那青青的绿树，随性地欣赏路边芬芳的野花与野草，静静地聆听那些清脆的鸟鸣，悠然地流连于美丽的山光水色之中。

身边的自然，是让我们获得自由和幸福的源泉。自然是地球的灵魂，也是人类的故乡，是心灵的归息地，更是幸福的保护伞。所以，只要让自己融入自然，活在当下，就能够平和与淡定地看待这个世界，抛却名利的欲望，解开那些俗世的心结，生活的惬意和人生的幸福，就会在不知不觉中融入我们的生命了。

第七章 顺势而为、达观处世的人生哲学

○要有先严后宽的智慧，你会成长为一个优秀的管理者。先采取严厉的管理制度，然后再宽松些，员工才好管理。一个组织或一个人要树立起权威来的话，从一开始就要制订原则，并按照原则，顺势而行。

○真正有才华的人不会刻意地炫耀，要学会遮盖自己的光芒，选择在适当的时候显露自己的才华，这才是最为妥当的行为。

○享受平淡的日子才是最难得的，寻找本真的自己并愿意接受它，也是最难做到的。能真正地去过平淡、本真的日子，是最幸福的。

○花费一段时间来做充分的准备，要比一开始就贸然地前进更容易接近成功。

○功名利禄皆是过眼云烟，但道听途说总是心有不甘，与其郁郁而终，不如投身其中，切实地体会、领悟。

○趋炎附势者就好比附在树上的藤蔓，会因大树的死亡而殉葬。

○挑战是升华自己的方法，镇定自若地应对挑战，瞅准时机和形势来做事，就好比顺水行舟，会达到事半功倍的效果。

◎真正有才华的人，不会刻意显摆自己的才华

醲肥辛甘非真味，真味只是淡；神奇卓异非至人，至人只是常。

——《菜根谭》

酒的醇烈、肥腻、辣、甜都不是真正的美味。真正的美味只有一种品性，那就是清淡平和；行为举止很特殊的人，也不是真正德行完美的人，真正德行完美的人，他们的行为举止和普通人是完全一样的。

从前，有一位道行很深的僧人，他途经一片坟地的时候，看到一个人在树下瑟瑟发抖，脸上大汗淋漓。高僧不解其故，便问他为何如此。那人战战兢兢地将手指向草丛中，高僧顺着他指引的方向望去，原来是一条大蛇正在吞食一条与自己相若的大蛇。两条大蛇一个即将胀死，一个即将憋死，都奄奄一息了。那人在坟地中看到这种景象，自然惊恐万状。于是那高僧便以实情相告，他闻言镇定了下来，还将两条蛇带回家了。

故事里的高僧并无神奇的法力，只不过怀有一颗平常心罢了。一个人如果能做到处变不惊，以平常心对待周围的事物，那么他就可以称得上是一个德行完美的人。我们的周围存在着不少这样的高人，虽然他们的言行举止与普通人无异，可是当面临困境的时候你就会发现，他们能够始终保持着平日的温和，不急躁，不愤怒，不畏惧，似乎一切都很正常。我们如果也能够保持这样的心态，那么心灵就不致被金钱、权力、美色等欲望侵蚀，视野就会变得非常开阔，面临的各种问题也可以很妥善地解决。

当代社会太多人已经丢失了平常心，他们行事张扬高调，喜欢炫耀吹嘘，做出一点点成绩都要让全世界知道，似乎不展示出来别人就会瞧不起他一样。这样的人本质上是自卑的，真正有才华有本事的人，不会刻意显摆自己。

著名的武侠小说作家金庸先生，曾经受岳麓书院的邀请去讲学，他在讲堂之上谦卑地表示，他对这座千年书院怀有很敬仰、很恭敬的心情，自己坐在那里甚至感觉到“战战兢兢”的，自己做的演讲就好比是在“班门弄斧”“兰亭挥毫”“草堂题诗”“汨罗作辞”。作为一名著作等身的武侠小说大师，即使取得了那么高的成就，却仍然虚怀若谷，不由得让人肃然起敬。相反的，现在社会上也有很多自称为“国学大师”的学者，无论到哪里都讲究大排场，喊出高价出场费，大肆鼓吹自己的观点，无底线地贬低和踩踏他人的言论，这种行为不但让人无法支持他的学术观点，甚至会令人怀疑他的人品。

贫而无谄，富而不骄。得意时淡然，失意时坦然。这才是真正的平常心态。

拥有平常心态的人，不骄，不躁，更不会轻易丢失本心，即使身处困境之中也会保持淡然，实现自我拯救。

有一个故事，讲的是一个男人半夜行走在荒郊野外的一条小路上，一不小心失足掉进了猎人的陷阱。男人的腿折了，但是他没有恐慌，他相信自己只是误闯了猎人的机关而已，于是他安稳地躺在井底祈祷，第二天一大早果然就被猎人发现并且得救了。后来有另一个人也掉入了同一个陷阱，他大声地呼救、挣扎，用尽全身力气试图从深深的井底爬上来，他的意志力被一次次的挫败摧毁了，他陷入了深深的恐慌之中，觉得自己永远也不可能出去了，他定会在这里丢掉性命。结果，第二天一大早，当猎人发现他的时候，他已经死了。

困境之中，平常心就如同暗夜里的亮光，你拥有它就能看到希望，失去它便会陷入绝望。而在平凡的生活中，平常心更是我们应该学习和练就的品质。

很多人一生都在渴求飞黄腾达，希望拥有花不完的财富、高高在上的权力、声名显赫的地位，在他们眼里，这一切就是成功的全部，否则只能算是个失败者。当把这一切作为成功最高标准的时候，他其实已经失败了。一个人的内心已经被物欲所驱使，永远活在一个小小的框架之中，他怎么能够以平和淡泊的心态去待人接物呢？

当然，保持淡泊平和的心态，并不意味着不思进取、安于现状，而是尽量将自己的物欲冲淡一些，不能太过于利欲熏心了，否则就会被名缰利锁牢牢束缚，生活、工作和学习都会受到干扰。保持平常心，也不是要我们不食人间烟火，脱离实际，而是要我们把握好自己的人生方向，不要走入歧途。

诸葛亮在《诫子书》中说："静以修身，俭以养德。非淡泊无以明志，非宁静无以致远。"宋代的范仲淹也说过："不以物喜，不以己悲。"这才是高境界的平常心。

◎在关键时刻施展出惊人的才华

风来疏竹，风过而竹不留声；雁度寒潭，雁去而潭不留影。故君子事来而心始现，事去而心随空。

——《菜根谭》

当轻风吹过稀疏的竹林时，会发出沙沙的声响，可是吹过之后，竹林又归于寂静，不再留有风的声音；当大雁飞过寒冷的深潭时，身影会倒映在水潭上，但是大雁飞过之后，潭面也不会留下雁影。所以，君子在事情来临时才会显出自己的能力，而事情结束后，他们的本性又复归平静了。

孔子说："君子欲讷于言而敏于行。"意思是说，君子要尽力使自己做到说话谨慎，但做起事情来就要敏捷迅速。

有本事的人，即便是能力再强，也不会到处宣扬，但越是在关键的时候，往往越能展示出自己的非凡才能来，等问题解决后，他又恢复"常态"，变得低调起来。然而有些人，自身并无多少真才实学，却总喜欢招摇过市，鼓吹自己。但每当遇到麻烦时，他又变得束手束脚，不知所措了。一个人能力的真正体现，不是那些人人可以为之的小事，而是要在最危急关键的时刻发挥作用。

《天龙八部》中有一个令人印象深刻的人物——扫地僧。这个少林寺中的老和尚清扫藏经阁数十年，一直默默无闻，但等到少林寺出现了任何人都不能挽回的危机之时，他却蓦然出现，轻而易举地将灾难摆平，事后又复归于沉寂。

君子总是懂得“藏器于身，待时而动”，这就告诉我们，当你的能力有余，而环境不适合自己发展的时候，就应该知进退、懂分寸，过人的才能有的时候会招来很多麻烦，尤其是会招来别人的妒忌。因此，要隐藏自己的实力，等到环境对你有利了，再崭露头角，发挥自己的本领。

而在能力不足的时候，即使环境对你再有利，你也应该立刻停止计划和行动。一座大厦如果没有坚实的地基，不可能长久地屹立不倒。就像人的成长一样，还没有学会走路，就要开始跑，能不摔跟头吗？

朱熹曾有句诗说：“问渠哪得清如许，为有源头活水来。”如果没有源源不断的活水，沟渠怎么能够保持清澈澄明呢？同样的道理，你没有足够的能力，就不应该尝试去做自己达不到的事情，因为即使尝试了，也不可能成功。然而，有些人明明是缺乏能力，还在口若悬河，自以为很了不起，那只会沦为别人茶余饭后的谈资笑柄罢了。

中国有个成语叫“韬光养晦”，意思就是隐藏自己的才华，不去刻意地炫耀自己的本事，甘愿让别人得尽风采，而自己却躲在一个无人注意的地方，慢慢地积蓄自己的力量和才能。三国时期的刘备，在最初的时候，穷困潦倒，一身落魄，不得不依附于曹操帐下。他深知自己寄人篱下，曹操又秉性多疑，恐怕他洞穿了自己的志向而谋害自己，因此他平时都规规矩矩的，在外人看来，跟普通的农夫百姓无甚区别。

忽有一日，曹操的大将许褚、张辽前来，说曹丞相要召见他。刘备没奈何，只得随他们来至一小亭中，曹操早在亭中设下酒宴。当时梅子尚青，两人煮酒闲谈一阵，曹操忽然提到了龙，以龙的变化、升隐来暗示英雄之所为，还要他历数时下英雄，刘备列举数位，曹操皆摇头表示轻蔑。然后刘备问他："谁能当之？"曹操以手指着刘备道："今天下英雄，唯使君与操耳！"

刘备心中暗吃一惊，手中的筷子不由得落在了地上，当时正好轰隆响起一阵雷声，于是刘备以受到雷声惊吓作为掩饰，面色如常道："一震之威，乃至于此。"曹操因此不以为怪。

这就是中国历史上的一段著名典故——青梅煮酒论英雄！

由于刘备很好地掩饰了自己，在时机尚未成熟以前，不轻易在强敌面前崭露锋芒，使敌人对自己不起疑心，甚至是轻视自己。然后自己再暗中积蓄力量，待时而发。刘备真是深谙韬晦的谋略啊。

战国时候的孙膑，也是一个深谙韬晦谋略的人。他精通军事谋略，可是很不幸，他有个同学叫作庞涓。庞涓知道自己在用兵方面的谋略比不上他，因此对他产生嫉恨，最终将他陷害致残，对他处以膑刑。孙膑知道，只要自己不死，庞涓就一定视自己为眼中钉、肉中刺，于是他装疯卖傻，终于躲过了一大劫数。

最后孙膑成功脱离魏国，做了齐国的军师，为齐国谋划了两场重大的战役——桂陵之战和马陵之战，使魏国受到重挫，而自己也成功复仇，庞涓在马陵之战中智穷力竭，最后愤愧自杀了。

韬光养晦，是一种为人的谦卑姿态，更是一种高级的生存谋略。因此《菜根谭》才说："君子事来心始现，事去心随空。"懂得韬光养晦的人，往往使人容易接近。因为他的谦虚，很快会被身边的朋友和同事接纳，并产生好感，这样一来，与人沟通起来就很方便了，做什么事情都会一帆风顺。如果是对待敌人，就更应该懂得这种谋略。你在敌人面前表现得越低调，敌人对你的提防之心就会越小，甚至会轻视你，对你失去正确的判断，而你在时机来临时就可以给他出其不意的致命一击！

◎从容不迫地应对一切挑战

古德云："竹影扫阶尘不动，月轮穿沼水无痕。"吾儒云："水流任急境常静，花落虽频意自闲。"人常持此意以应事接物，身心何等自在！

——《菜根谭》

古代的贤德之士说："竹子的影子晃过了台阶，而台阶上的尘土丝毫不动；月亮的影子穿过池塘，而池中的水面却不留下痕迹。"当今的儒雅之士也说："任凭流水湍急，而心境常能保持清静；虽然花落纷飞，而意念常能保持悠闲。"人如果能以这样的心境应对事物，那么身心将是何等的自由自在啊！

《菜根谭》中有一句名言："宠辱不惊，闲看庭前花开花落；去留无意，漫随天外云卷云舒。”大意就是：对于一切荣耀和屈辱都泰然处之，用平静的心情欣赏庭院中的花开花落；对于所有升沉和得失都不在意，安然地观看天上的浮云随风聚散。正所谓身不惊，才有闲看的雅致；心无意，才有漫随的风情。

细细品读之下，与本节词句也颇有异曲同工之妙。为人处世要常怀有一种平和悠闲的淡定和从容，才能达到处变不惊、荣辱皆忘的人生境界。

现实中有很多人，在看到事情的结果正朝自己预想的那样发展时，就忍不住内心的兴奋，表现出志得意满、神气自得的样子，然而在复杂严峻的问题面前，他们就会表现得惊慌失措，因心里拿不定主意而方寸大乱。

真正有修养的人，不会因事物发展结果的好坏而或悲或喜，而是始终以一种悠闲雅静的心态沉着应对。遇到好的结果，会淡然处之；遇到坏的情况，也能镇定如常。正是因为怀有一颗淡泊恬适之心，不急功近利，才能万事不挂于怀，始终保持良好的状态。

百花丛中过，片叶不沾身。虽然身处浊世，内心却不被凡尘熏染，外界的一切都不会对自身有所影响。这正是我们要学习的为人处世心态。

古人云：“泰山崩于前而色不改，麋鹿兴于左而目不瞬。”若是能保持这种镇定自若的心态，做事情必然会事半功倍。

三国时期，诸葛亮因为错用马谡而导致街亭失守。街亭是关隘咽喉之地，也是历来的兵家必争之地，战略位置十分险要。街亭一旦失守，蜀军就要面临四面楚歌的局面，运送粮草的道路也为之堵塞，粮草不济，军中必然大乱，因此此时与魏军对峙的局面立刻变得严峻危急。

魏国大都督司马懿率领十五万大军压境而至，而此时诸葛亮麾下只是一班文臣，能作战打仗的军队不过数千之众，众人听到这个消息后尽皆失色，诸葛亮仍是镇定自若。他传令将旌旗都藏匿起来，军士都原地不动，不可大声喧哗慌乱，命四方城门大开，每个城门都令二十个士兵扮作平民百姓，打扫街道。自己却披上鹤氅，头戴纶巾，领着两个小童坐在城楼之上，装作若无其事的样子，焚香弹琴。

司马懿见诸葛亮微笑抚琴，从容沉着，打扫街道的“百姓”也旁若无人，不禁疑窦丛生，以为他暗中设有埋伏，若贸然进城，恐怕中了他的奸计，沉吟良久，最终还是决定撤兵离开。蜀军紧张危急的局面终于得以转危为安。

不以物喜，不以己悲。这句话究竟应该怎么理解？

当事情遇到好的结果时，我们要先抑制住内心的狂热，不要因一时的满足而冲昏了头脑，学会用理性的思维去判断，心中有一个清醒的认识，仔细考虑自己下一步的打算，给自己制订一个合理的计划。一个人若是因短暂的胜利而不思进取，乃至失去了斗志，那么很快就会被随之而来的形势所淘汰。

遇到紧急的变故，我们首先要做的就是不要惊慌，一旦慌乱了手脚，胸中就更无应对的策略。保持清醒的头脑，深思熟虑地寻求万全之策，才有可能扭转局面，使之不会向更加恶劣的方向发展。

真正会生活的人，他的情绪不会因事物的变化而波澜起伏；保持恬淡的内心，在为人处世时也会得心应手，左右逢源。

◎不求功名利禄，但求闲适自由

茶不求精而壶亦不燥，酒不求冽而樽亦不空；素琴无弦而常调，短笛无腔而自适。纵难超越羲皇，亦可匹俦嵇阮。

——《菜根谭》

茶叶无须讲究精品，饮茶时壶底不干即可；酒液无须讲究上品，饮酒时杯中不空即可；无弦的琴虽然不能弹出好听的乐曲，却常能调节我们的身心；无孔的短笛虽然吹不出美妙的音调，却可令我自得其乐。如此的人生境界，纵使难以超越上古伏羲氏的淡泊，也可与魏晋名士嵇康、阮籍等人的率性相媲美了。

生活中，若是过于追求精致、完美，反而会失去了活着的真趣，丢掉了品味和享乐的真义，就变成了一种刻板的形式主义。就像饮茶与喝酒，每个程序都追求所谓的完美，苛刻而死板，像是在履行什么宗教仪式，那种感觉一点儿都不享受。留在壶底的茶锈，见证了时光匆匆；浅浅的一丝浊酒，在杯底荡漾，撩人心弦。在那种看似平淡的时光流逝中，我们品尝的，是人生的滋味，而不是一尘不染的酒具和茶杯。

陶渊明在其自传《五柳先生传》中说自己：“性嗜酒，家贫，不能常得，亲旧知其如此，或置酒而招之。造饮辄尽，期在必醉。既醉而退，曾不吝情去留。环堵萧然，不蔽风日；短褐穿结，箪瓢屡空，晏如也！”这种淡泊名利、冲和洒脱的心态，令人称羡不已。

现实生活中，如果你看到自己的家破烂不堪，甚至连风雨都不能阻挡，自己总是缺衣少食，你还能像五柳先生一样“晏如”吗？我相信大多数的人都做不到这一点！他们只会因此而陷入深深的苦恼之中。

人虽不至于穷困潦倒成那副模样，但是无论身处的环境如何，淡泊安宁的心态依然是非常必要的。一个人如果能够懂得知足常乐，会始终觉得自己活在幸福之中。试想一下，你虽然没有万贯家财，但还不至于短衣缺食；虽然吃得不怎么好，但温饱尚能补给；虽然你现在可能还没有工作，但至少还有强健的体魄，有好的身体作为前提，你的前途会是一片光明。

“逆来顺受”一直被我们当成是一个贬义词，其实，生活中应该有这样的心态，尤其是在面对困境的时候。当然，这不是说人在困难面前要屈服、顺从，任由命运的摆布，而是要以一种镇定从容的心态去面对、迎接危机和挑战，即使不能享受快乐但也不至于产生悲观的情绪。当困难和挫折来临的时候，心中先做好准备，这样在克服困难的时候，就变得游刃有余，容易多了。

古代的贤人隐士们，比如晋朝的竹林七贤，他们悠游在幽岩之间，徜徉山水，纵情自然，不染尘俗之气，体会天地万物的真趣。他们并不在意物质上的贫与富，甘守于内心的那份宁静与淡泊。若是他们每天埋头于生活琐事，也愧对一个“贤”字了。

试想一下，一个人若是将全世界的财富都收揽于一身，野心比所有人都大，那他就得殚精竭虑地去争取，那样难道不会感觉到苦恼吗？即便得到了想要拥有的，可是拥有之后就一定能快乐吗？

范蠡在辅佐越王勾践消灭吴国之后，急流勇退，悄然归隐，从此泛舟五湖之上，过着清淡无为的生活，这就是他的睿智之处。试想，如果他执迷于权势富贵，最终必定会被迫卷入险恶的政治旋涡中，而且勾践本来就是一个只可与之同患难，不可与之同安乐的刻薄君主，如果范蠡继续生存在那样的政治环境中，迟早要赔上性命。翻开历史书看看，与范蠡共事多年的好友——文种，不就是一个活生生的例子吗？

古往今来，有很多人紧抓着自己手中的名利不放，等到大祸临头之时，才幡然醒悟，但那时已经悔之晚矣。与其事后悔悟，不如在做一件事情之前慎重地考虑一下，自己下一步要迈向哪个方向。

平平淡淡地过日子，有何不好呢？不必太过执着于得失，把握住现在拥有的，搞清楚什么才是最值得自己珍惜的，这才是最为重要的。

◎生活不是演戏，不要刻意伪装自己

花居盆内终乏生机，鸟落笼中便减天趣。不若山间花鸟错集成文，翱翔自若，自是悠然会心。

——《菜根谭》

盆中养殖的花虽然娇艳，却少了一份自然之态；空中自由飞翔的鸟儿，若被关于笼中，便会顿失天然之趣。世间万物，皆以自然为最美；人生一世，也应该像山间的花鸟一样，求一份自然的本真，随时、随性、随缘、随喜。

在工作和生活中，人们往往有两张面孔，在面对别人的时候是一张面孔，独自一人的时候，又是另一张面孔。可以说，迫于生活和压力，人人都学会了假装，学会了掩饰。

这样的活法，是我们所乐意接受的吗？一个人将自己的真实个性都隐藏在内心深处，而表现出来的，却是与自己内心想法截然不同的一面，这样活着难道不会觉得很累吗？

我们在做人做事的时候，如果不能坚守自己的本真，所说的话、所做的事，并不是出自自己的本意，而是为了某种目的刻意地伪装出来的，这样是不会感觉到真正的自由的。

有这样一个神话故事。有一天，河神问北海神道："自然是什么？人为又是什么呢？"北海神打了一个比方说："当牛马一出生，就生有四只脚，这就是所谓的自然。但如果将一根绳子套在它们头上，再在牛的鼻孔间穿上一根缰绳，又给马钉上铁蹄，这就是所谓的人为了。"

由此可见，那种自然本真的个性并非是伪装出来的，也不是关在笼子里养出来的，更不是捆在绳子下调教出来的，而与自己的性情有关。老子认为，婴儿由于心智未发而不懂得掩饰，一切都是率性而为，一举一动都天真自然，与"道"的境界最为接近，所以他希望自己也能像婴儿那样，做一个纯真自然的人。老子最著名的主张就是"无为而治"，"无为而治"的核心就是顺其自然，也就是老子说的万物自然，尽显本真。

这就好比一株花，如果它生长在田野之中，没有任何人为的干涉，不必受到人的剪裁和控制，完全自由地发育、生长，一切都是原生态的，那么，就会生发出一种天然之美；可如果我们将它栽入盆里，即使开得再娇艳，充其量也不过是人为修饰的盆景，显示不出丝毫自然的特色。

老子云："自然者，自然而然也。"自然就是我们平常所说的天然，指万事万物没有受到人为因素干扰的那种状态，所谓的清水出芙蓉，自得天成。因此，自然才是道的根本特性，也是道家所提倡的一种生活态度，这正是老子所推崇的一种最高的人生境界，更是《菜根谭》通篇在向我们强调和推荐的一种人生格调。引申到人的本性时，只有将那种"无为"，内化成自己的个性才能达到那种本真状态。所以，本真不是伪装出来的，也是一种人为的表演，而是指一种心灵的境界。

《庄子》中讲了一个"东施效颦"的故事。人们对西施都十分熟悉，她是越国的大美女，她的一举一动，一颦一笑，都令人神魂颠倒，惹人喜爱。她只要略微装扮一下，不管走到哪里，都能使人深深地为之倾倒，惊叹她美貌无双。

可是忽然有一天，她心口发疼，走在街道上时不由得用手捂胸口，双眉微蹙，举手投足之间都流露出一种娇媚婉约的柔弱之美。人们看到她这般神情，对她愈发怜爱，觉得她更美了。

一个叫东施的村妇，长得面目可憎，举止也很粗俗，却也幻想着自己能像西施一样，受到人们的欢迎。于是当她看到西施这般情态，也想进行效仿。于是有一天，她也捂着胸口，走在大街上，人们看到她这般矫揉造作的模样，一个个都像躲避瘟神一样，离得远远的。

每个人都有自己的容貌、性情和心灵。如果刻意地伪装，不仅自己不舒服，也会给别人留下很坏的印象，让别人觉得你这个人不真诚。所以，人不应该刻意地伪装和修饰自己的本性，我们在为人处世的时候，就应该依照自己的本性，将自己天然的本真展示给别人，这样就不会觉得活得身心疲惫了。

做人不能太虚伪，如果整天矫揉造作，天天对人演戏，不但回归不了本真，时间长了，连自己的本来面孔也都忘了，活得痛苦不说，也得不到想要的东西。真正的成功者，他们都是依着自己的本性在做事的人，有崇高的信仰，有率真的心性，不受礼法陋规的约束。也只有这样的人，才能获得成功。

世间万物皆以自然为美，随心而为的个性，才是具有审美的生活之道。倘若我们过多地执着于世俗，只会陷入集体无意识中，何谈自己的本真呢？所以，从现在起，就请学会审视自己的内心，揭去世俗的面具，还原自己的真实性情吧！

◎永远不要做抢跑的那个人

伏久者飞必高，开先者谢独早。知此，可以免蹭蹬之忧，可以消躁急之念。

——《菜根谭》

潜伏得越久的鸟，会飞得越高；花朵盛开得越早，凋谢得也就越快。我们只要明白了这个道理，就不必为坎坷失意而忧虑，也可以消除那些急于求成的浮躁念头了。

“伏久者飞必高，开先者谢必早。”这个道理，讲的就是让我们厚积薄发，不要急于抢跑。跑在第一名的，往往不是最先撞线的，反而从一开始跟跑的，倒常常会笑到最后。所以，我们要学会逐渐聚集力量，慢慢地让自己变得更强。“冰冻三尺，非一日之寒”，学习需要日积月累，成就事业更是需要宵衣旰食、不懈奋斗的精神。懂得积累，不过早地展示实力，这不但是一种隐忍力，还是一种高明的谋略，也是一个人由渺小走向伟大的必经之路。

历史上的齐威王经常彻夜饮酒作乐，荒淫无度，每天过着安逸享乐的生活。后来，他决心奋发图强，励精图治，把齐国治理得井井有条，强盛一时。秦始皇虽然在有限的时间内统一六国，却也因为征战不休，耗尽了秦国的国力，他一手建立的秦朝，不过十几年就完全崩溃了。这就是开先者谢必早的典型。

一个具有隐忍品性的人，懂得把握最好的时机，蓄势待发，而不是像愣头青一样猛冲猛撞。就像一只苍鹰，捕猎之前一定会躲在猎物看不到的地方。它懂得潜伏的道理，知道如何积蓄力量，谋划方向。我们要像苍鹰一样，懂得忍耐，抵制住内心的冲动和外界的诱惑，坚持到底才能到达目标。有句话说得好：不谋万世者，不足谋一局；不谋全局者，不足谋一域！

小任是某公司的中层干部，平时表现不错，深得同事和老总的信任。人在职场就是这样，有人捧就会有人嫉妒，特别是竞争对手。所以小任没少让人穿小鞋，委屈也受了不少。小任性格比较平和，面对工作中的不顺心，都咬咬牙忍了下来。这年年底，公司将有一位高层干部外调，他的位置出现了空缺，而备选人员，将会在和小任同级的几位同事中选出，当然小任也是备选之一。

问题一下就来了，小任和另外几位同事的实力不相上下，公司的竞争又比较公平，到底选谁？如果想让老总注意到，就得努力表现。所以几个同事都纷纷忙起来，在各自主管的部门搞起了“大跃进”，加班加点儿催业绩，还都把小任当成了眼中钉、肉中刺。小任心想：如果我也和他们一样，岂不挤破了头？未必就能杀出一条血路。于是，他反而采取了一种悠闲的态度，该做的工作照做，但没有一点儿要争这个位置的意思。

竞争对手们风风火火，绞尽脑汁地表现，小任却表现得十分淡定，形成了鲜明的对比。朋友都替他着急，他却不动声色。对手们对他的举动都暗暗欢喜，因为他们认为少了一个有实力的对手，觉得小任已不足为患，对他的敌意也就少了很多，这正是小任想要的结果。他暗中琢磨，从这些竞争对手的表现中总结经验，扬长避短，年底根据公司和个人的实际情况写出了一份完备的年终总结，在老总面前留下了十分稳重的印象。而且小任也知道，老总比较注重实际的工作成效，向来反对浮夸和功利进取。所以他一边暗暗观察对手的动向，一边把自己的工作安排得井井有条，不失时机地在老总面前表现出以工作为重、以大局为重的一面。

最后，小任成功地在公司高层眼中留下了肯做实事的印象，得到了最多的好评。在公司年终的庆功会上，他也顺利地得到了自己想要的位置。

从这个故事就可以看出，有时候我们不必对于眼下的处境过于操心，顺也好，逆也好，都只是暂时的，不能说明将来的走向。有的人，他们总想一鸣惊人，却不注重自身的锻炼和培养，不去积累实力，于是永远也不会一飞冲天。而有的人，平时不怎么冒头，看上去很普通，但却一直在充电，时刻在做准备。等到领导需要的时候，就能马上站出来，来之能战，战则能胜，当然可以抓住重要的机会，成就自己的事业了。

所以，我们必须在隐忍中消除冒进的浮躁，让自己变得冷静，有目的、有计划地去做事，默默地积累个人实力。这样，就不愁没有一飞冲天的时候了。

◎只有经历了，才能体会其中的真味

莺花茂而谷艳山浓，总是乾坤之幻境；草木落而崖枯水瘦，才见天地之真吾。

——《菜根谭》

在美好的春天，花开鸟啼，春光秀丽，草色青青，但它们不过是天地间的短暂时光；到了萧条的秋季时，树木凋零，水落石出，秃岩一片，这时我们才能看到天地的本来面目。

春日虽然美丽，然而只不过是片刻繁华，无法长久地延续下去；秋天虽然萧瑟悲凉，但却可以显露出天地的本来面目。虽然如此，人们还是喜欢春天，迷恋于满园春色之中，而秋天一至，则心生悲凉厌恶之感。

功名利禄，从《菜根谭》中来看，就像是春日的刹那芳华，转瞬便即凋零，化为乌有。它告诫人们，这些物质的东西，不可能长久地拥有，即便得到了，也许会因此而失去生命中更重要的东西。

然而，仍然有很多人始终痴迷于金钱、地位和美色，为了满足心中的欲望而不择手段，失去了人格，沦丧了道德，简直无所不用其极，最终也只能走上一条不归路。

唐朝有一则传奇故事叫《枕中记》，十分发人深省。

开元年间，有一个道行高深的道士在投宿旅店时，碰到了一个姓卢的年轻人，两人逆旅相逢，言语之间倒也十分投机，但交谈过一阵之后，卢生忽然叹息道：“大丈夫生于世间，便该当建树功名，出将入相，列鼎而食。可怜我饱读经书，到如今却一无是处。”

那道长哂然一笑，探囊取出一个枕头，对他说：“今晚你就枕着它睡吧！它可以满足你的愿望！”

到了晚上，卢生依言而行。到了深夜，他在恍恍惚惚中回到了自己的家。不过数月，他娶了一位美貌贤惠的妻子，心里自然高兴得很。到了第二年，他中了进士，仕途也一帆风顺，连升数级。后来他又带兵南征北讨，立下了赫赫战功，正可谓是出将入相。

可惜好景不长，没过多久，他被同僚诬陷，说他与边将勾结，致其被系于狱，等到了山穷水尽的时候，他才幡然醒悟：“唉！我家在山东有五顷良田，足够吃饱穿暖，何必求禄呢！如今想要回到当初的环境中，也做不到了！”

后来他欠身醒来，发现自己还在旅店之中，原来只是做了一个梦，而这个梦，就是我们所说的“黄粱一梦”。

卢生沉思良久，才对那道士拜谢道：“夫宠辱之道，穷达之运，得丧之理，死生之情，尽知之矣。此先生所以窒吾欲也。敢不受教！”说完转身离去。

卢生应该从这黄粱一梦中领悟到不少东西。从此之后，他恐怕对功名利禄不会再那么热衷执着了吧。就像卢生的黄粱一梦一样，梦醒之后了，回想起来，一切的名利欲望都看破了。当一个人获得了他梦寐以求的财富，取得了权势显赫的地位，物质上得到了满足，内心却无比空虚了。

一个人若是失去了灵魂，内心的想法和肉体的行为南辕北辙，自己喜欢的事情与身处的环境背道而驰，躯体成为了心灵的累赘，自由和快乐也会随之失去，那他苟活在这个世上，还有什么意义可言呢？

古语说得好：“白云苍狗，富贵如浮云。”世间的道理，如果我们看透了，就会发现原来也不过如此。表面上的繁华夺目，此时此刻的功名利禄，都只是过眼云烟罢了。即便得之，最终亦失之。因此，一个懂得生活至理的人，他会以平和之心对待工作和生活。

莎士比亚曾说过，再美好的事物，也有失去的一天。在那转瞬即逝的刹那芳华面前，你又何必苦苦挽留呢？

◎宁可清贫自守，也不要趋炎附势

趋炎附势之祸，甚惨亦甚速；栖恬守逸之味，最淡亦最长。

——《菜根谭》

攀附权贵的人，固然能够得到一点儿好处，但是由此招来的祸患，却是凄惨而又迅速的；能够安贫乐道地坚守自己独立人格的人，虽然很寂寞，但是因此所得到的平安生活，时间最久，乐趣也最浓。

现在，很多人热衷于追名拜金，他们总是围着大人物转，依靠权贵生存，这虽然符合人的本性，但结果却一定会是不尽如人意的。

就像植物世界中，有一些蔓藤植物，它们缠绕在大树身上，依靠大树的高度去接受阳光，吸取大树的养分才能生存。看起来，这些植物增加了自己的高度，一时之间，要风得风，要雨得雨，但当它们寄生的大树死亡和倒塌的时候，它们也一并做了殉葬。反而大树底下的一株小小的蒲公英，它长不了多高，没有香艳的花朵，也活不了多长的时间，却能怡然自乐，在阳光下编织自己的花朵。它们虽不抢眼，可拥有的全部是自己的心血，然后结出无数的种子，随风飘远，让生命不停地在更宽阔的空间延续下去，如此生生不息。两相对比，境界的高低，就非常明显了。这份独立与知足，是那些时时刻刻都在吸取他人养分的寄生植物无法相比的。

做人也是如此，巴结有权力和地位的人，虽然能获得暂时的好处，办事可以走捷径，遇到麻烦也有人罩着。但是一旦攀附的这个人陷入了麻烦，到时候你就算是想洗脱与他的关系也洗不干净了。像那些巴结大贪官的人，在背后的靠山得势时，固然可以呼风唤雨，可如果有朝一日靠山被清算，落下马来，这些依附者还能有什么好结果吗？像明代的胡惟庸，他倒台的时候，跟着一并被杀的人，足有好几万，那些给他送礼寻求官职、投在其门下寻求庇护的人，大都跟着他一起走上了黄泉路。清代的和珅，是中国历史上最大的贪污犯，被嘉庆处死时，依附他的那些人，也都跟着倒了霉，撤官的撤官，充军的充军。总而言之，一棵大树倒下了，在下面乘凉的人，自然不会有什么好下场。

能够安贫乐道和坚持原则的人，尽管有时候会觉得寂寞，可是从生活中所得到的趣味，却十分久远。

宋真宗时，馆阁校理李垂为了治理黄河水灾，写了一本《导河形胜图》，由于宰相丁谓的阻拦，他的抱负没有能够施展。一腔热血无处投递，他当然很郁闷，于是就有好心人劝他去拜访丁谓，送点儿礼，巴结一下，或许就能得到支持了。可李垂不但不去送礼，谄媚于丁谓，反而上书抨击他，结果被贬出京。

后来回到了京城，李伯康又劝他去拜见新宰相，他依然坚持自己的一贯作风，绝不趋炎附势。也许有人会替他感到遗憾，一系列大好的治水规划也因为他的自命清高而搁浅了。但是，人总得有一个坚持的原则，依附权贵不是李垂的追求，他希望在不依附任何人的情况下，实现自己的人生理想。对于只有依附权势才能够得以实现的计划，他是不屑为之的。

也只有这样，才能真正达到人生的最高境界，获得自我人格的完善。贫或富，贵或贱，都不是最重要的问题，也都是暂时的。重要的是我们有没有一个完善和独立的人格，有没有独立奋斗和清白做人的高贵品质。像那些寄生的藤蔓，它们因大树的死亡而殉葬，这就是趋炎附势者最普遍的悲哀。不过，更悲哀的是，它们至死都没有自己的人格，只是一件毫无价值的依附品而已。

◎待时而动，顺势而为

释氏随缘，吾儒素位，四字是渡海的浮囊。盖世路茫茫，一念求全则万绪纷起，随遇而安，则无人不得矣。

——《菜根谭》

佛家主张，凡事都要顺其自然地发展，一切都不可以勉强；儒家主张，凡事都要按照本分去做，我们不可妄贪其他的分外之事。这“随缘素位”四个字，正是为人处世的秘诀，就像是帮人渡过大海的浮囊。人生的路途是那么遥远渺茫，假如任何事情都要求尽善尽美的话，必然会引起许多忧愁烦恼；反之，假如凡事都能安于现实的环境，顺势而为，因缘聚合，则可以处处悠然自得了。

道家有一句话，叫作“无为而治，无为无不为”。就是说，对待事物，什么行动都不需要采取，正因为没有主观的欲求，反而就什么都可以得到了。为什么这么说呢？因为看透了天理，悟透了人情。强求得到什么，结果往往是个空；一切随缘，因势利导，反而能取得大成功。

现实社会中，顽固地坚持理想主义是行不通的，不是你设定了一个目标，就一定能依计划般一步步地实现。人生在世，路途不会总是一帆风顺的，因此，就算你有再完美的计划，再坚强的意志，也有摆不平的麻烦。想要用意念成全我们的贪欲，那么，更多的欲望会纷沓而来。真正能够心想事成的人，往往都是能够待时而动、顺势而为的人。所谓的“知足常乐”，就是这个道理。

一个知足的人，他看什么都是身外之物，没有占为己有的野心，自然就没有烦恼。不去妄想得到不属于自己的东西，也就没有危险，不会惹祸上身。这就是佛家说的“缘”和儒家讲的“本分”。人这一生，如同漂荡在大海上，自己虽然清楚方向，但海水究竟会把自己带往何处，实在是难以预测的。渡人生之海，风浪何时有，何处有鲨鱼，也都是不可判断的虚幻，谁知道明天自己会遇到什么事情呢？

既然人生是无法预料的，名利这些身外之物，就随处可得，又随时都会失去了。因此，我们要想活得幸福，就得懂得随缘和素位。“随缘”，就是顺从己身的因缘。外界事物，触动了身心，是谓“缘”。“本分”，便是得失全看人心，看是否符合道义：不是我的，要也无用；是我的，不伸手也会来。别人的东西不去抢，不现实的目标不去考虑，脚踏实地，兢兢业业，才是成就一番事业的基石。

前段时间，南方有个女子，从民间非法集资十几亿，用普通老百姓的钱开起了皮包公司，结果自己又不是做生意的材料，赔得一塌糊涂，最终受到了法律的严惩。这便是超越了自己的本分，勉强去争、去夺一些不属于自己的东西。她可能觉得，别人都能发大财，为什么我不能？既然那么多人都发财致富了，那我也要试试。于是，在野心的驱动下，她就走上了另一条烦恼重重的道路。

为了完成发财的梦想，她要承受更多的烦恼。比如，非法集资、成立公司，还要打点各种关系，绞尽脑汁地寻找项目，而这些事情恰是以她的能力无法胜任的，直到最后走投无路，东窗事发。这难道不是万绪缠扰的痛苦吗？人的私欲一旦膨胀，就是这个结果，注定无法满足，注定会在波涛滚滚的大海上翻船。

顺应环境，随遇而安，听起来消极，像是主张折中与妥协的骑墙之士，其实不然。因为现实中各人的境遇皆不相同，能力强弱也不一样，每个人都应有其固守之道，不逾矩，不做非分之想，只有这样，才能在社会中度日。若是人人都要实现心中的欲望，放弃了随缘，不想守本分，那这个社会，才真的乱了，那会出现比丛林法则还要可怕的情景。

所以你看，凡是有德有识的君子，他们大都乐天知命，顺其自然，不做分外的妄想。如果处于富贵之中，他们则行道于富贵之中，不骄不淫。就算居于贫贱，他们也不陷不惧，乐得自在和逍遥。就像孔子讲的，“既来之，则安之”。不管何时何地，遇到了何事何人，都会永远地恪守内心的原则，不强求，不消极。乐观平和，就能活得幸福潇洒。悠然自得，这才是惬意的生活之道。

◎任何事情都有一个循序渐进的过程

恩宜自淡而浓，先浓后淡者，人忘其惠；威宜自严而宽，先宽后严者，人怨其酷。

——《菜根谭》

施人以恩惠，应该从淡薄慢慢过渡到浓厚，如果一开始就浓厚，后来转为淡薄，受恩者就会忘记他的恩惠。树立威信，则应该从严厉到宽容，如果开始宽容，后来变得严厉，对方就会埋怨他的冷酷了。

在与人相处和组织的管理中，不管是施行恩惠还是使用自己的威严，采取什么样的方式方法是很重要的：淡和浓，宽容与严厉，我们该怎样把握呢？不是只有目的就行的，还要有恰如其分的方法，对方才会领情。

就拿帮助别人来说吧，比如我们在路上遇到一个乞丐，顿时善心大发，想施舍给他一些钱。如果你第一次给了他一百块钱，他会特别感激你，也许还会感动得泪流满面；但如果你第二次只给了他五十块钱，他就会觉得你少给他钱了，对你就会心生不满，觉得你变得小气了，因为你上次的大方，现在他的心理基准就是一百块了。所以，你的善良，换来的反而是乞丐的抱怨。相反，如果你先是给了他五十，后来又给他一百，他就会认为你多给了钱，会加倍感激你。

有位父亲，他向一位家庭教育专家抱怨说自己得不到女儿的认同，女儿总是说他太苛刻，一点儿也不爱她。经过了解，人们才发现，他虽然很爱自己的女儿，但女儿这么说他其实一点儿都不冤，因为他在宽严的尺度上没有掌握好。在女儿读小学和初中时，他对她特别溺爱，不管是犯了什么错误，只要在他这里，女儿都能得到“庇护”。他没训斥过女儿一句。但是等女儿读了高中和大学，他突然变得严厉起来了，不管是小事还是大事，对女儿要求都很高，眼里容不下一粒沙子，反差如此之大，女儿当然受不了了，认为父亲已经不爱她了。

事实上，假如我们的家长能够把顺序给换一下，在孩子小的时候严格一些，帮他们养成一些良好的习惯，等他们长大了，再适当地放开尺度，给他们足够的自由空间，在孩子的心目中，家长的形象一定就是满分的，他们会觉得你是一位好父亲、好母亲。

所以，在帮助别人的时候，我们应该采取递增的方法；在使用自己的威严的时候，先严后宽的方法要来得更为有效。这是在做人和做事的小节上。倘若放到公司管理上的话，顺序和方法就更为重要了。比如一个很简单的道理：员工的薪水总是由低到高，慢慢增长。假如一个公司一开始高薪聘请员工，然后逐渐减少他的工资，这样员工只会越来越少，这个公司肯定很快就倒闭了。管理者在给下属机会的时候，也是这个道理，开始是锻炼和培养性质的表现机会，从边缘入手，逐渐进入公司的团队，得到更宽广的发展平台，这样，就给了员工一种逐渐被重视的成就感。如果你反过来，一上来就委以重任，从事对公司很重要的工作，可半年后，你又把他调到一般性的岗位上，去做些零碎事情，员工一定会认为你在故意整治他。

树立威信，则是刚好跟前面相反的，先立下威信，再从严到宽。也就是先严厉后宽容，如果开始就很宽容而后来慢慢地变得严厉了，下面的人一定觉得你是个冷血的领导，对你就没什么忠诚度可言了。

有家公司，他们在新员工入职后的前三个月内，都会提出一些极为严格的要求，制订各种苛刻的规矩，让员工觉得这项工作对能力、工作态度的要求都达到了自己的极限，每天心里都战战兢兢的，生怕犯一点儿错就以试用不合格的名义给辞退了，但是三个月后，留下来的员工发现，领导不再像以前那样天天瞪着眼睛找自己的麻烦了，给予自己的工作空间变得很大，工作的独立性也得到了保障。于是，他们对做好这份工作，就产生了更大的信心，对领导也多了几分理解。

什么事，都得循序渐进，因为人们打心眼儿里希望事物向好的方面发展，只有抓住这种心理，因势利导，才能让对方记住你的好。如果你反其意而行之，得到的必然是一个不理想的结果，更严重的，比如在公司的管理中，领导者掌握不好宽严的尺度和顺序，便很有可能会引发众怒，将自己置于一个尴尬的境地中。

自薄而厚，先严后宽。这不仅是我们进行人际交往的手段，也是企业管理中的良方。先严厉，是确立自己的权威；后宽厚，是为了博取广大的支持，并给下属提供足够的发挥空间，调动他们的工作积极性。给员工的回报，也应该由小到大，从少到多，让他们有一个可以预期的增长空间。这些虽然体现为行为的小节，但却是我们为人处世必须遵守的基本原则。

第八章

圆通做人，拥有良好的人际关系

○在交与自己志同道合的朋友的同时，还要结交有益于自己进步的朋友。损友易交，益友难寻，一定要先考察清楚再交心。

○益友不仅可以看到你的优点，也会把你的缺点毫无保留地告诉你。

○血浓于水，无论发生什么事情，亲人都会对你不离不弃。亲人之间不应有所猜忌，但这也不能成为你欺骗家人的筹码。

○返璞归真，在家人面前，才能真正地给自己的心灵放个假。

○亲人之间没有解不开的疙瘩，要用一颗宽容大度的心来对待自己的亲人。平心静气地去处理亲人之间的关系，家和才能万事兴。有些事可以大事化小，小事化了，在亲人问题上要学会控制自己的脾气。

◎做人要表里如一

羡山林之乐者，未必真得山林之趣；厌名利之谈者，未必尽忘名利之情。

——《菜根谭》

羡慕山林生活之乐的人，不一定能领悟到山林之间的真正乐趣；那些嘴上高谈自己讨厌名利的人，他们的心中未必就能将名利完全忘掉了。

表里不一，就是说是一个样，做又是另一个样，通常指一个人为了某种目的而做出的假象。表里不一致的人，往往表面看上去很高尚，但实际上却往往很龌龊。《论语》中孔子就有这样的观点：“巧言、令色、足恭，左丘明耻之，丘亦耻之；匿怨而友其人，左丘明耻之，丘亦耻之。”

这句话的意思是说：“花言巧语，满脸堆笑，点头哈腰，不光左丘明认为这种人可耻，我也认为可耻。把怨恨装在心里，表面上却装出友好的样子，左丘明认为这种人可耻，我也认为可耻。”

孔子对这种假意的“友好”非常反感，他倡导人们要秉持正直、坦率、真诚的精神，不要巧言令色、口是心非，而这种思想也是我们应该提倡的。生活中，形形色色的人们在利益的驱使下，不得不强装出各种表情和角色，这不仅是对自我情绪的一种压制，也是一种不健康的处事态度。与其把不愉快和怨恨埋在肚子里，表面上却装出友好，不如根本不要去怨恨，也不要去在乎，尽可能淡然和宽容地对待别人。久而久之，表里如一就会成为习惯，最终会成为一种让人尊敬和爱戴的品质。

《庄子·秋水篇》中有一则故事，说楚王派了两位大臣到庄子垂钓的濮水之滨，向他表达了自己想拜他为相的意愿。庄子放下钓竿，头也不回地说："我听说楚国有一神龟，已经死了三千年了，楚王用竹箱装着它，用巾饰覆盖着它，珍藏在宗庙里。这只神龟，是宁愿死去却留下骨骸而显示尊贵呢，还是宁愿活着在泥水里拖着尾巴呢？"两位大臣说："宁愿拖着尾巴活在泥水里。"庄子说："你们走吧！我仍将拖着尾巴生活在泥水里。"

庄子是真正品德和操守高尚的隐士，还是心口如一的真君子！庄子之外，陶渊明亦然，他们都能真正忘却功利之心，亦可真正领略到到天地自然之乐！

历史上这样真性情的人并不多见，有很多所谓的隐逸之士，无非是借助隐遁山林的途径，提高自己的知名度，从而引起在位者的重视。看似清流名士，实则是为自己积累政治资本，作为日后的晋身之阶。这种人为自己打造出"高尚"的形象，就像作秀一样，是非常虚伪的。

在当今高速发展的社会，各种诱惑层出不穷，世界的各处角落都充斥着"物欲横流"四个字，"高尚"这样的词语似乎已经快被人们遗忘了。先人们所追求的"得山林之乐，忘名利之情"式的高尚情怀，恐怕也只能静静地躺在历史的长河里了。但是话又说回来，虽然很难达到“得山林、忘名利”的高尚，但我们也必须要有一种正确的观念来对待高尚这个词语。

高尚的品质首先应当立足于实际，不能凭空论谈，更不能弄虚作假。

有这么一个很有讽刺意味的故事，说有一位道德家由于他“淡泊名利”而被授予了终身成就奖的荣誉。在他走下演讲台的时候，有记者向他提问：“你对此事，有什么感想吗？”道德家兴奋地说：“我感到十分地激动，我的职称马上就会得到解决，我退休的工资也会涨一些，而且领导承诺过我，会尽量安排我儿子的工作。领导还委派我参加淡泊名利的交流团，到处去游山玩水一番，衣食住行都是报销的……”记者大惑不解地问道：“您说的这些，貌似跟你淡泊名利的风度很不符合啊。”道德家一听，脸都绿了，气愤地说：“你听见我说起名利两个字了吗？”

我们并非圣人，都要为一日三餐、衣食住行而忙碌，对名利和金钱的渴望，是每个人最初的价值追求。但是当你有了充实的物质基础之后，最高尚的事情无非就是无私地帮助那些有需要的人，这样的作为会让你真正地体会到人生的价值，而你的道德素养也将进入一个更高的层次。

很多“假清高”的人就是栽在了表里不一上面，既想要显得自己独善其身、洁身自好，又一心为了一些蝇头小利而斤斤计较，这难免会落得个虚伪、假崇高的口实。

表里如一、豁达地生活，不被现实的舆论所约束，做真正的自己，这样才能找到心灵的意义和宁静所在。

◎做人要虚怀若谷，做事要意志坚定

心不可不虚，虚则义理来居；心不可不实，实则物欲不入。

——《菜根谭》

一个人的心胸一定要虚旷得像一座山谷，因为只有空旷，才能容纳学问和真理；一个人的意志一定要坚固得像磐石，因为只有坚固，才能抵抗外界物欲的侵入。

子曰："君子泰而不骄，小人骄而不泰。"意思是说，君子胸怀大志，意志坚强，但他可以泰然自若，不傲慢放肆，身上没有骄矜之气；而小人则处处表现出骄傲，做不到泰然自若。

我们常说，人不可有傲气，但不可无傲骨。这就是君子和小人的区别：君子没有傲气，但是有傲骨。没有傲气，体现在他能谦恭有礼，待人和善；有傲骨则体现在他内心意志的坚强上。小人有傲气，但无傲骨。小人处处显摆，骄矜自胜，但是他内心缺乏坚强的意志，这样的个性自然不会有利于他自身的发展。

越是德高望重之人，越是谦卑有礼，虚怀若谷；越是德浅才疏之人，越是刚愎自用，自以为是。

孔子是一代圣贤，学问不可谓不渊博，可他却说："三人行，必有我师焉。"他进了鲁国的太庙，对每件事都要谦虚认真地问一问，这时有人就说了："谁说叔梁纥的儿子知道礼呢？他到了太庙，什么事都要问这问那。"孔子听到这话后说："不懂就问，这就是礼啊。"

《庄子·秋水篇》中说："天下之水，莫大于海，万川归之，不知何时止而不盈。"然而大海却并不骄傲，只说："吾在于天地之间，犹小石小木之在大山也。"海纳百川的胸襟和气魄令人钦服，可是大海对于自己的能力并不感觉到骄傲，这一点尤其可贵。

想要成就大事的人，谦虚是最基本的素质和品质。如同水滴想要体会到快乐，必须要融入大海一样，一个人首先要放低姿态，虚心受教，让自己融入广阔的世界，他才可能从外界得到意想不到的学识，眼界也才能够随着知识的增长而变得开阔和明朗。一个人的志向高远了，意志坚定了，加之有了明确的奋斗目标，他才有成功的可能。这也正如儒家所讲的："君子之道，譬如行远必自迩，譬如登高必自卑。"

然而现实中，有很多人夜郎自大，不清楚自己几斤几两，喜欢夸夸其谈，毫无行动力，给人的感觉很浮夸。"士不可以不弘毅，盖任重而道远也"，这样的警言，对他们来说只能理解和体会，却不能切实地去履行，因为他们害怕任务太重、道路太远，唯恐自己半路放弃，所以从一开始就打消了尝试的念头。他们没有坚定的意志和信心，嘴上说说可以，想要让他们做到，却简直比登天还难。

《菜根谭》中第一句警言讲道："欲做精金美玉的人品，定从烈火中煅来；思立掀天揭地的事功，须向薄冰上履过。"大意是说：想拥有纯金美玉一样的人格品行，一定要从艰难困苦中磨炼出来；想要干一番轰轰烈烈的丰功伟业，必须要向危急险峻之处走去。

细细咀嚼这句话，一个人无论是自身修养品德，还是要做一番事业，都需要经过"烈火""薄冰"的洗礼。有的人之所以成功了，是因为他们有坚定的意志，不受外界不利因素的干扰，心无旁骛。意志不够坚定的，往往就在烈火中燃烧掉自己，在薄冰中溺水身亡。

《世说新语》里记载了一个故事：有一天管宁与华歆一块儿在园中锄菜，正锄着的时候，他们从土里刨出了一块黄灿灿的金子，管宁视黄金与土石无异，依旧锄菜；华歆则两眼放光，上前捡起黄金，但也知道自己起了贪念之心，所以过了片刻又扔了。

还有一次，他二人同席读书，有人乘着华丽的马车从他们家门口经过，管宁视而不见，依旧专心读书，华歆却抛下书本，出门观看。管宁认为华歆太热衷于富贵和权势，与自己不是志同道合的人，于是与他割席断交。

很简单的两个细节，管宁和华歆在品德修养方面的高下立判！为什么呢？就是因为管宁意志坚定，不受外界物欲的左右，而华歆却做不到，他缺乏管宁的定力。由此可见，一个人若想成就大事，首先应具备的两种素质就是谦虚和坚定。只有谦虚，才能使我们感觉到自己的渺小，才能通过不断地学习和积累掌握更多的能力和特长；只有具有坚定的意志，才能支撑我们不断地奋发图强，在挫折和失败中愈战愈勇，在荆棘丛生的险境中勇往直前！

◎与人为善永远好过与人为恶

天地之气，暖则生，寒则杀。故性气清冷者，受享亦凉薄；惟气和暖心之人，其福亦厚，其泽亦长。

——《菜根谭》

天地间的气候，和暖则生机盎然，寒冷则肃杀枯索。所以，性情脾气清高又冷漠的人，得到的回报也就很微薄；唯有气度温和与心地热忱的人，不但福分丰厚，所得到的恩泽也会长久。

我们常说，做事要先学会做人。做人处事，为什么把为人放在处事之前？很简单，有办事能力的人，如果没有良好的人际关系，不能与他人广结善缘，在其工作执行的过程中便会大大受阻。孤傲清冷的人，即便才华横溢，领导对他的印象也会有所保留，同事更会对他避而远之。

我有一个朋友小王，在工作中非常地努力，可是每次业绩考核都是倒数第一。因为他有一个致命的缺点——对人的态度很冷漠。就算是在跟顾客打交道的时候，他也板着一张脸，很多客户跟他的领导反映，跟小王打交道简直像欠了他的钱一样，让人很不舒服。同事们也都把他列为“冰冻”人物，尽量不与他交流。大家都在私下里对他纷纷议论，但却没有一人当面说过他。在公司新一轮的人事调整中，小王第一个被裁掉了。

《红楼梦》中有一个故事，贾府一家人在听戏的时候，史湘云心直口快地说了句唱戏的小旦长得跟林妹妹颇为相像。林黛玉心里就不高兴了，虽然当时不曾说出口，但回到住处就埋怨起贾宝玉：“我原是给你们取笑的——拿我比戏子取笑？”

史湘云心直口快，毫无机心，是个憨厚可爱的姑娘，她说这句话本没有丝毫恶意，可是在黛玉听来却很是刺耳。可见林黛玉的个性太过自尊，也太过刻薄，总是以一种孤高自赏的姿态对待别人，因而别人也都觉得她清冷凉薄，使人难以接近。所以，她在贾府并不很受欢迎，心情难免抑郁，她的抑郁症想必与她的性格有很大关联。

古往今来，所谓的才子大都是孤傲不驯之人。就以唐朝的大诗人李白来说，他狂放不羁的性格决定了他不可能做官。虽然不对权贵阿谀奉承是一种骨气，但是也应该懂得刚则易折的道理，刚得罪了杨贵妃，又让高力士下不来台，这两个人可都是唐玄宗最最宠爱的人啊，想想他能有什么好结果呢？他明明知道此中道理，却还赋诗说，“安能摧眉折腰事权贵，使我不得开心颜”。这样乖僻孤高的性格，怎么可能在官场上吃得开呢？所以他也只能被唐玄宗“赐金放还”了。

在中国历史上，这样的人并不少见，他们虽然文韬武略蕴藉心中，却总是一副孤高自许的样子，因此，报国无门，便写诗填词以泄心中之愤慨。如果他们掌握了杀气寒薄、和气福厚的真谛，相信他们的诗篇里，便不会有那么多的消极情绪了。

放眼现实，任何眼高于顶、目空一切的人，在工作中不仅不会受领导的待见，还会遭到同事的憎恶，他无论做什么事，都不会顺遂，升职加薪的机会对他而言，更是遥不可及的。你想想，如果一个人脱离了领导和同事，总是孤军奋战，那他在公司会是怎样的状态？即便是再有超强的工作能力也是不会有出头之日的。

性情尖酸孤僻的人，如果总是冷眼视人，待人不厚道，别人有一丁点儿的毛病就大加挑剔，甚至当众对对方冷嘲热讽，令对方尴尬、下不来台，久而久之，忠厚的人可能只是对他敬而远之，然而心胸狭隘之人，没准就会暗中设计、报复，当你陷入四面楚歌的境地时，就会后悔当初的无知和冷漠了。

因此，日常待人接物，多一份厚道，多一份真诚，多一份热忱，对你、对别人，都是有百利而无一害的。平日里积德行善的作用，在你身陷困境的时候就会体现出来。你可能会出乎意料地受到一双或者更多双充满温情和善意的援助之手的帮助，从而摆脱困境。这就是心存忠厚换来的啊！

我有一个表妹，从小学习成绩好，在学校有老师捧着，在家里有父母宠着，一直到研究生毕业都是被各种光环笼罩着，这在一定程度上造成了她孤傲清冷的性格，说话尖酸刻薄，处事独断，完全不顾对方感受。直到踏入社会步入工作岗位后，才发现自己与身边的环境格格不入，她甚至不理解同事和朋友为什么会莫名其妙地疏远她，这样的局面使她压力巨大，因为就算是求同事帮忙打印一份文件这样的小事，开展起来都非常困难。

她感到了前所未有的迷茫，于是打电话向父亲哭诉，父亲开导她说："女儿，你要完全忘记自己从前是多么出类拔萃，把棱角磨平点儿，放下姿态，与大家和气相处，路便会走顺畅了。"两年后，我与她交谈时发现，她整个人都温和了很多，再也没有了以前的锐利或淡漠。而经历了蜕变的她，如今也已经从普通小职员晋升为了公司的部门主管。

中国的商人常说"和气生财"。生意场上，待人和善，才能多结交朋友，和善对待客户，那就会有更多的生意临门了。跟自己打交道的人多了，人脉自然也就广了，还会发愁财源不滚滚而来吗？

如果一个人能以和气待人，他身上就会自然而然地散发出一股亲和力，身边的朋友也都愿意同他交往，心情也会舒爽快乐，自己的家庭也会是幸福的。在工作中，待人和气，自然也是一种必备的态度，因为只有跟领导、同事打成一片，才能受到领导的信赖和重用，才能得到同事们的欢迎和喜爱，这两样都是关乎升职加薪的重要条件。

◎可以人穷，但不可志短

贫家净扫地，贫女净梳头。景色虽不艳丽，气度自是风雅。士君子当穷愁寥落，奈何辄自废弛哉！

——《菜根谭》

一个贫穷的家庭，要经常把地打扫得干干净净；一个贫穷人家的女子，她要经常把头梳得干干净净。摆设和穿着虽然算不上豪华艳丽，但是却能保持一种高雅脱俗的风范。一个人只要有才有德，就已经很成功了，遭遇不佳，处于穷困之中，寂寞而不得志时，为何就要萎靡不振、自暴自弃呢？！

这个世界上，有很多贫穷的人都活得很幸福，因为他们的心中充满希望；也有很多富有的人感觉人生无望，似乎任何事情都无法让他快乐，充裕的物质消磨掉了他们的志向。没有志向的人就如同折了羽翼的鸟儿，即使地位再高贵，也无法感受到遨游天空的快乐了！

我们常说，人可以穷，但是志不能短。穷是暂时的，但是如果没有了志向，那么，贫穷将会变成一辈子的事。对于我们的人生来说，最重要的不是物质的富贵或贫穷，而是精神是否富足。一个拥有远大志向的人，能不能耐住困境，是否懂得隐忍，以及能否在困境和贫穷中自得其乐，并能固守自己优秀的品质，保持一个好的心态，将会成为他通往成功之路的重要考验。所以，我们不要因为一时的贫穷而丢失了奋斗的动力和坚持的意志力，即使身处困境，也不要自怨自艾，甚至自暴自弃。

贫穷并不可怕，可怕的是因为畏惧贫穷而放弃了理想，忘记了努力。能够坚定初衷的人才会坚持到最后，而意志力脆弱、容易被左右的人，只会在迷途中丢失了自己。

《论语》中有这样一个故事，有一次，孔子带着徒弟们周游列国，走到陈国的时候，突然断了粮，没饭吃了。跟随他的人都饿病了，有的甚至不能起身。这时候，子路开始愤愤不平，他责怪上天不公，路人不仗义。孔子却以“君子固穷”的态度泰然处之，对此没什么抱怨。当然，他本身也毫不掩饰自己对于富贵的向往和追求：“富而可求也，虽执鞭之士，吾亦为之。”可是，他却有自己的原则：“不义富且贵，于我如浮云。”富贵也要有道义才行，不能发不义之财，否则，还不如固守贫穷的好。

这个故事就是告诉我们，真正重要的是高尚的精神境界，而不是物欲的满足。无论多么困窘，人都不可失去了风雅，变得庸俗，否则就和那些地痞流氓、强盗罪犯没什么区别了。

贫穷并不可耻，因为只要你努力，贫穷不会是永远的，没有人会穷一辈子。只有向贫穷屈服，失去理想，自甘堕落，才是我们应该感到羞耻的事情。所以，《菜根谭》在这里告诉我们，命运都是由自己把握的，千万不要屈服于一时的挫折。就算贫穷，对于我们来说，也不过是一种命运的考验，强者会把这当成是机遇和锻炼，激发出更高昂的斗志，让我们为了摆脱贫穷而努力。但是我们必须时刻记住自己最初的理想和目的，不能为了尽快脱离贫穷和获得成功而投机取巧、违法乱纪。志气是志向和道义的结合体，道义地致富，光明正大地获得富贵，这才是君子所为。

所以，当你不如意时，陷入困境时，千万不要失去了风度，丢弃了理想，咬住牙关，再坚持一些时间，再多努力几次，相信你自己吧！一定会迎来柳暗花明的那一刻。

◎做人要厚道

为鼠常留饭，怜蛾不点灯，古人此等念头，是吾人一点生生之机。无此，即所谓土木形骸而已。

——《菜根谭》

为了不让老鼠饿死，就经常留一点儿剩饭给它们吃；为了可怜的飞蛾不至于被烧死，夜晚只好不点灯火。古人的这种慈悲心肠，就是我们人类繁衍不息的生机。假如人类没有这一点点相生不绝的生机，那么人就变成了一具没有灵魂的躯壳，这样，也就和泥土树木没什么区别了。

人之初，性本善。我们待人处事，也应该本着善的原则，以慈悲为怀，厚道为之，不能以伤害他人和获利为出发点。

我有一个卖电脑的朋友，为了能够多盈利，经常借助“熟人推荐”来赚好朋友的钱。每次有熟人去他那里买电脑，本来三千块的电脑，他会涨到三千五，然后假意卖个人情，主动降到三千二，让别人觉得是占了他的便宜，还对他感激涕零。后来，有人发现，别处的价格要比他那里的低出很多，大家虽然明面儿上不说，但却觉得他这样做很不厚道，便不再愿意“托关系”找他买了。

欺骗别人，一次可以，两次可以，却绝对不会再有第三次。因为大家都知道你是不厚道之人，再也不愿与你打交道了。

“日行一善”能行万里，“日行一恶”走不出十步。行善不分贫穷富贵，人人都要有一颗善心。多做慈善，帮助别人，这也是给自己留一条后路。

古人讲的我们要给老鼠留饭，其实，也未必真的是让人给老鼠留饭，而是以此为例，劝人为人处世要有同情和帮助弱者的襟怀。古人的这种慈悲心肠，就是我们人类繁衍不息的生机，换句话说，倘若人们都心善到连一只飞蛾都不杀，世间还会有战争和杀戮吗？这个世界的环境，就会改善很多了，不至于到处都有饥饿的难民，也不至于有吃不饱饭的贫民。

如果人人都能拥有一副慈悲心肠，那么世界也会变得很温暖。

汶川地震时，中国的企业家纷纷解囊捐款，有一位公司老板，还亲自带着上百辆铲车奔赴灾区，捐钱捐物。这就是一种扶弱济困的胸怀，也是我们民族几千年来生生不息的最大的动力。人一旦有了慈悲之心，他的心灵境界就提升了一个层次。比起那些坐拥亿万家财却一毛不拔的吝啬鬼，就算你口袋里只有十块钱，只要你愿意拿出一块来接济穷人，帮助需要帮助的人，你的思想境界和人格高度也远远强于那些亿万富豪。

但是反过来，我们的慈悲之心也不能泛滥成灾，也要根据现实情况加以考虑。比如，不能无原则地同情和帮助那些乞丐。现在都市的街头，已经出现了一种新兴行业：职业乞丐。他们的家庭条件不至于穷到要靠讨饭来生活，有的甚至家庭富足，可他们就是走上了街头，靠张嘴求人施舍来赚钱。因为他们觉得，人的同情心是可以利用的，而且没有什么成本，也不用付出什么代价，钱就源源不断地进自己口袋了，你看多好！这就是利用了人们的同情心。

我们同情和帮助弱者的本初，除了出于自己的同情心，更是要帮助他们走出困境。俗话说得好，授人以鱼，不如授人以渔。给钱给物，倒不如让他们学会一种自力更生的本领，帮助他们培育起自己强大的内心和生存的意志，这才是真正的慈善。而且就个人而言，我们的仁善，也要建立在保护自己的基本利益的基础上，不能动不动就发菩萨心肠，那样受伤的只会是你自己。

◎谁也不愿意跟摆架子的人打交道

山之高峻处无木，而溪谷回环则草木丛生；水之湍急处无鱼，而渊潭停蓄则鱼鳖聚集。此高绝之行、褊急之衷，君子重有戒焉。

——《菜根谭》

高耸云霄的山峰地带是不长树木的，只有溪谷环绕的地方，才会有各种花草树木的生长；水流特别湍急的地方，也没有鱼虾栖息，只有水深而且平静的湖泊，鱼虾才能大量生长繁殖。地势过于高峻、水流过于湍急的地方都无法容纳生命万物，所以，有德君子待人处世，就必须引以为戒。

从地理现象上看，高山峻岭的地质大都是岩石，加上生长环境恶劣，氧气稀薄，又没有合适的土壤，因此植物荒疏；拿来和人相比，就是说，一个人的性格如过于刚愎自用，太过于顽固，他就不易与人相近，结果就会孤立无援，事业难成。

看看现实，的确如此。当今社会讲究团队配合，没有人可以真正逃离群体的环境。如果大家都觉得你高高在上、不好接触，那么就没有人愿意帮助你、听从你。反之，如果你的性格豁达，随和亲切，并且能够放低姿态和大家混在一起，那么，人人都愿意跟随你。

我们都知道，急流之中是没有鱼鳖的。为人处世也是同样的道理，如果一个人性格急躁狭隘，气量短小，不能容纳别人，那么人人都会对你敬而远之，你的身边将没有朋友；可反过来，如果你的气度宽宏，能够包容不同的想法和建议，那么，别人都会愿意在你的周围。因此，君子处世一定要兼容并包。

“得道者多助，失道者寡助。”如果一个人能够谦恭随和，待人接物如同对待自己的亲人，不恃才傲物，自然就不会被大家孤立，陷入困境的时候，也就会有很多人伸出援助之手了。可如果一个人总是高高地把自己挂起，与一切低于自己的人划清等级和界限，那么等他落难的时候，相信不但不会有人来帮助他，还有可能被人落井下石。

我有一个朋友，平时做事大大咧咧的，经常吃些小亏。具体说来，就是小事很糊涂，从不吵架，也不跟人争执，好像什么都不懂似的。有时别人借了他的钱，转眼他就忘了，几个月想不起来，也不跟人去要。有人说他傻，成天被人骗，可是结果呢？有一次他遇到了麻烦，母亲生病，需要十几万的手术费，他去向朋友求助，很快就借到了二十万。这叫什么？大智若愚。因为他把自己当成一处幽深之谷，从来都是仰视别人，性格非常随和，也很有人缘，有事时才会有人来帮忙。

而那些相对比较固执、平时看起来很精明的人，他们绝大多数都是一些思想狭窄、看问题片面的人。由于他们的思想比较偏激，很容易固执己见，一旦认定了某种想法，别人的任何建议，就再也不会听到心里去了。这类人比较普遍的表现就是高傲、有着强烈的自尊心，还很爱钻牛角尖，瞧谁都觉得不如自己，总是一副高高在上、居高临下的样子，让人敬而远之。在人际交往中，这种性格是有害无益的。

所以，要想成为一个心胸宽广、人缘好的人，就必须克服固执和清高的缺点，让自己扎根在土壤中，不招摇，不桀骜，只有这样才能够开出娇艳的鲜花，结出硕美的果实。同时，还必须克服自己的虚荣心、嫉妒心，广纳他人的优秀思想和言论，宽容地对待他人的缺点，懂得理解别人，学会换位思考。相信这样的人一定会成就一番事业，拥有属于自己的一片天地。

◎做人做事，都要顾全大局

毋因群疑而阻独见，毋任己意而废人言，毋私小惠而伤大体，毋借公论而快私情。

——《菜根谭》

不要因为大多数人都疑惑，就放弃了个人的独特见解；也不要因为个人好恶固执己见，而忽视别人的金玉良言。不可因为个人私利和一些小恩小惠，就去伤害整体利益，更不可借助社会大众的舆论，来满足自己的私人愿望和发泄个人的不满。

世间的事物总是相对的，不管什么事，一旦走向了极端，就会变质。人当然要有从善如流的习惯，听取大家的好经验，但也一定要有择善固执的精神，认定自己是对的，就要坚持下去，不能因为别人反对，就轻易地被人说服，变得人云亦云。就是说，有时我们要做到“千人盲目一人明，众人皆醉我独醒”，因为多数人的意见，有时未必合乎真理，一个人的见解也不一定是不合时宜的，该坚持的时候，就绝不可动摇。

我们可以举一个国外的例子。三百多年前，英国有一位没什么名气的年轻的建筑设计师，名字叫作克里斯托·莱伊恩，他很幸运地接手了温泽市市政府大厅的设计任务，并充分地发挥自己所长，做出了一个令人惊讶的方案。这个方案的过人之处就是，他只用了一根柱子来支撑大厅的天花板。一年后，工程初步完成，交付验收。可是这时候，却有些权威跳出来反对，他们认为这个方案绝对不安全，一根柱子怎么可能支撑住整个天花板呢？所以，他们要求莱伊恩多加几根柱子。

莱伊恩据理力争，他坚持自己的设计没有问题，并保证仅仅一根柱子足以保障大厅的安全。他的固执激怒了市政官员，莱伊恩险些被送上法庭。外界的猜测和不信任，使得莱伊恩背负了巨大的压力，他开始踌躇和迷茫。究竟自己是该坚持下去，哪怕这会让自己陷入官司；还是选择放弃，全身而退？后来，他终于想出一个两全的方法，既能坚持自己的原则，又不会得罪政府官员。

这个方法是什么呢？他请了施工人员大张旗鼓地在大厅里加了四根柱子，但是，这四根柱子根本没有与天花板接触，上下留出了细小的间隙。这个小小的心机，使得地面上的人们根本察觉不到。就这样，他的设计总算过关了。时间过去了三百多年，市政府的老官员离退还乡，新官员走马上任，一批又一批，谁也没有发现这个秘密，而且这里也没有出现过任何险情。

直到二十世纪九十年代末，市政府要重新修缮大厅的天花板，这才发现柱子与天花板之间竟然是隔离开来的，而在中央柱子的顶端刻有一行小字："自信和真理只需要一根柱子。"

由此可见，当你做一件事情的时候，重要的不是有多少人赞成你，而是你的观点是否正确，是否能够站得住脚。只要认定自己的看法是科学的、可行的，就不需要被众人的声音所左右，相信自己，坚持己见是最重要的。

但是反过来，当别人的金玉良言的确指到了问题的核心时，我们也不能因为自己的固执，或者个人的好恶，就把大家的好建议抛到脑后。否则，就成了挟一己之私，损害集体的利益了。历史上有很多庸君，就是因为过于自负，或者只贪图私欲，置大臣的意见于不顾，一意孤行，最终酿成了国家的灾难。

比如清末的维新变法的失败，就是因为慈禧太后只考虑大清的江山，不在乎国家民族的前途，将私利置于民族利益之上，根本不理会民意的呼声和大臣的苦心，发动了政变。

不管任何时候，我们都要优先考虑大是大非，不可越雷池一步，才能够实现内外的和谐，和自己的事业一起进步。

◎做人要圆通，不可偏执

建功立业者，多虚圆之士；偾事失机者，必执拗之人。

——《菜根谭》

自古以来，能够建立宏大功业的人，大多是处世谦虚圆融并且可以随机应变的人；而那些容易失败、抓不住机会的人，他们一定性情固执倔强，不懂得变通。

性格决定命运，自古以来，那些能干成一番大事的人，在为人处世方面，大多都能谦虚以对，随机应变。而失败者，大部分都不懂得变通，性情固执，且不通常理，孤傲无比，最终的下场就是自绝于人民。

比如三国时代的孔融，他的死，就是他的性格的一种必然结果。对于这个结果，就连他仅七岁的女儿和九岁的儿子都早就知道了。当军吏逮捕孔融时，这两个孩子正在别人家下棋，听到这个消息后面无惧色，很冷静地说了一句：“覆巢之下，焉有完卵？”由此可见，对自己父亲的性格和自己将要面对的境遇，他的孩子们是早就有心理准备的。

孔融的性格是什么样的呢？首先，他出身名门，是孔子的二十世孙，他性格孤傲，从骨子里瞧不起曹操。其次，他又是汉末知识分子的政治领袖，从不溜须拍马，靠个人能力当上了北海太守，因此他喜欢特立独行和标新立异，事事都想出头，从不收敛，又不懂做人，而且固执得像一块石头，是强硬到底的反曹派。

他自幼就被视为神童，像大家熟知的孔融让梨，都被编进了三字经，“融四岁，能让梨，弟于长，宜先知”。他十岁时，跟随父亲进京。当时的河南尹李膺，身为名士，不愿随意地会见客人，非当代名士或亲戚不见。孔融很想拜见他，就上门对李膺的家人通报说：“我是李君的世友的子弟。”李膺见到孔融之后就很奇怪，问他：“我家和你家认识吗？”孔融回答说：“我的老祖宗孔子曾向您的老祖宗老子问礼，身为师友，所以我们可是累世的交情啊！”在座的人都很惊讶，也很佩服，但这种过于张扬和骄傲的作风，却为孔融日后的为人处世埋下了“祸患”。

显然，孔融是不理会“圆融顺通，执拗失机”的做事原则的，他认定的道理就是“我想干什么就干什么，想说什么就说什么”。从曹操下定决心讨伐袁绍起，孔融就与曹操的意见相左，在大政方针上与曹操公开“唱反调”。而且，他与被监视居住的汉献帝交往甚密，还动不动就写个东西递上去，反正很让曹操不省心，更不放心。他还煽动祢衡在大庭广众之下辱骂曹操，让他很下不了台。

曹操禁酒，他也不同意，理由是：“尧正因为喝酒，才成为圣贤，桀纣虽然以色亡国，但也不能为了防范，不让男女通婚呀！”曹操想杀杨彪，孔融听说后，连朝服都没来得及穿，就去见曹操，警告道：“你要杀了杨彪，我孔融堂堂的鲁国男子，明天就撩起衣服回家，再也不做官了！”

这看似是在劝曹操，其实是在要挟曹操。曹操这一次又忍了。后来，曹操攻破邺城，将袁绍次子袁熙的夫人甄氏送给曹丕。孔融给曹操写信说："武王伐纣，以妲己赐周公。"曹操很纳闷，我怎么没听说过个典故呢？于是请教孔融，孔融说："以今度之，想当然耳。"他这不是在表达意见，而是在冷嘲热讽。孔融的言谈举止不藏锋芒，从不给别人留余地，也不给自己留有余地。当然，和普通朋友这样无伤大雅，对方顶多不跟你来往，但与一个自己的最高统治者，与曹操也这样，那就是玩儿命了。

所谓"谨言慎行，君子之道"，孔融不懂这个，也不屑于理会这样的做人智慧。而且他错误地以为，凭借自己的学术地位和名气，曹操肯定不敢对自己怎么样。结果，在与曹操的交锋中，一再放大自己的个性，终于让还算有些雅量的曹操忍无可忍动了手，并且让他死得相当难看。

对此，我们可以学学庄子的智慧。庄子在山中，见大树枝繁叶茂，伐木者却不砍伐。问他原因，伐木者说："这棵树没有什么用处。"于是庄子对弟子说："此木因为没成栋梁所以得以保全多年。"庄子在他的一个老朋友家里做客，主人非常高兴，令仆人杀雁款待。仆人问："有两只雁，一只会叫，一只不会叫，要杀哪只？"主人说："就杀那只不会叫的吧。"弟子又请教庄子说："先生说过，山中木以不成栋梁得终其天年，现在又因为那只雁不叫而杀它。先生认为到底哪个才是我们应该效仿的呢？"庄子说："我将处于材与不材间。"

由此可见，一个人太固执了，肯定不行；但一个人太圆通了，以至于闭嘴当哑巴，也是下下之策。庄子的意思就是，做人当可行可不行，可圆通，亦可固执，关键看具体的情境和我们的取舍。

为人谦虚低调，那么就会拥有谦恭礼让的雅量和宽阔大度的胸襟；

为人贯通圆润，便可以事事顺达，左右逢源。当这两者都具备了的时候，便能够团结一切可以团结的力量为自己所用，那么站在自己对立面的人也就很少了。少有人做对，行事自然可以畅通无阻、游刃有余了。

圆融的人，通常擅长灵活应变，遇到任何事情都能从善如流，能够虚心听取他人的建议，并结合自身的特点和当下的情况，扬长避短，取其益而舍其害，所以他们常常是足智多谋并能出奇制胜的。执拗的人，则大多心胸狭窄，斤斤计较，他们妒忌比自己优秀的人，无法接受任何不同的意见，骄傲自大，刚愎自用，他们会想尽办法踩踏一切比自己出色的人，这使得他们的人际关系变得越来越差，逐渐，人人对其敬而远之。而且，偏执的想法导致他们在遇到事情的时候，往往不知变通，最终只能是长叹一声命运不公，白白错失大好的机遇。

所以，我们在为人处世的时候，要牢牢地记住《菜根谭》里面的那句话："执拗者福轻，而圆融之人，其禄必厚。"

◎人际交往中切忌交友不慎

教弟子如养闺女，最要严出入，谨交游。若一接近匪人，是清净田中下一不净的种子，便终身难植嘉苗矣！

——《菜根谭》

教育弟子，要像养深闺中的女儿一般谨慎，最重要的是要严格约束他们的出入，注意他们和朋友的往来。一旦他们结交了品行不端的朋友，就好像在良田中播下了一粒坏种子，可能永远都种不出好庄稼了。

不管是教育学生还是孩子，我们都要让他们认识交友的重要性，教给他们一些交友和处理人际关系的技巧。很多人都是因为交友不慎，才渐渐误入歧途的。结交了不良的朋友，就像耕种时在良田里埋下了坏的种子，结出来的果实也不过是些歪瓜裂枣。

古人说得好："尚德行者，必恶凶险之类；务公正者，必无邪佞之朋；保廉节者，必憎贪冒之党；有信义者，必疾苟且之徒。"就是说追求高尚品德的人，最讨厌一些没有品德的事情；做事公正的人，也一定没有那种奸佞的朋友；做官清廉、有气节的人，也一定很是憎恨那些贪污腐败的人；诚信重义的人，当然也瞧不上那些苟且之人了。

这段话很充分地说明，人们是很难凭借自己的力量出污泥而不染的。俗话说："近墨者黑，近朱者赤。"环境对人的影响那么大，每个人都不可能脱离世俗的世界。如果把一个很有理想的人放在一个世风日下的环境中，让他交上几个不务正业的朋友，过几年他极有可能也会随波逐流、浑浑噩噩地过日子了。

所以，我们就要摒凶险之类，拒邪佞之朋，绝贪冒之党，避苟且之徒。对于这样的人，一定要保持距离，划清界限，能远离就远离，实在不能就躲开，要守住自己心灵的大门，不被他们影响。

明人的《日知录》中就说："以德交友良兮，患难与共；以诚交好友兮，肝胆相照；以知交挚友兮，见多识广，以道交诤友兮，法乐融融。"

这就为我们道出了交友的四个标准：

1. 以德交良友

品德高尚的朋友，能和你共患难。当你遇到困难的时候，他不会抛弃你，而是会主动过来帮助你，和你一起共渡难关。相反的，那些品德低劣的势利小人，大都唯利是图，平时说得比唱得还好听，但当你有困难需要他帮忙的时候，他跑得比兔子还快。

2. 以诚交好友

诚既是诚信，也是真诚，能够推心置腹，以诚待人。这样的朋友，可以肝胆相照，互相之间没有什么秘密，遇事的时候也能两肋插刀。但是在现在的生活中，很多人都失去了“诚”的品质，只知道欺骗。误交了这种类型的朋友，你对他推心置腹，他却对你瞒三瞒四，那么你离上当受骗也就不远了。

3. 以知交挚友

挚友就是那些有丰富知识的人，他们平日里积累了很多的经验，又见多识广，在你需要的时候还可以为你出谋划策、排忧解难。同时，他又怀着满腔的热忱，平日里时常助人为乐，渐渐与你产生真挚的友情。这样的朋友也是可交的，不过，需要注意的是，交友不仅要考虑到对方的才学问题，还要对他的品德和诚信细细地考察一番。

4. 以道交诤友

因为志同道合而走到一起的人，就能够成为诤友。两个人为了一个共同的理想而努力，就不仅仅是私人的友情。这样的一个朋友，当你犯了错的时候，他会毫不隐瞒地给你指出来，帮助你改正错误。彼此之间，没有什么不能说的，相互信任又扬长避短，共同战斗。所以，这种朋友既叫诤友，也叫战友。

大臣魏徵对于李世民来说，就是一个诤臣。为了国家利益，他敢于指出皇帝的错误，勇于批评他那些不当的作为。对于李世民来说，这就是用对了人，是在一亩良田中种下了一粒优良的种子。所以李世民才能开创出中国历史上少见的贞观盛世。后来的唐玄宗，就成了反面教材，他用人不慎，过分宠爱杨贵妃，提拔了杨国忠等人为大臣，结果就酿出了祸患，引发了安史之乱。

谨慎交友，对于我们每个人都是很重要的。现在，人际交往的平台越来越大，交际面也越来越宽，交往的人也越来越多。这时候，和谁交朋友，怎么交朋友，对我们来说就显得非常关键了。特别是当一个人有了地位和成就之后，总会碰到林林总总的人，意图与他交朋友，其中就难免会掺杂着心术不正、趋炎附势的人。他们往往会用朋友的名义来跟你结交，千方百计地接近你，挖空心思地讨好你，极尽所能地拉拢你。他们的目的只有两个：一是为钱，二是为权。借助你的钱和权来为他们所要的私利服务。换句话说，他们表面上是跟你交朋友，实际上是把你当成了可以利用的工具。如果在这个时候丧失了警惕，那就很可能会栽倒在“损友”的陷阱里了。

这些年来，有很多官员都倒在这条误交“损友”的道路上。有这样一个例子，说的是贪官胡长清。当时，他有个大款朋友叫周雪华，平日里两人很是称兄道弟，这个周雪华也是他的主要索贿对象。胡长清案发后，周雪华向人们袒露了对胡长清的真实看法。对于自己给胡长清送钱送女人的事，周雪华说：“胡长清生活腐化堕落，我感到他已经暴露出自己贪得无厌的本性，从这个角度来看，说胡长清‘傍大款’、以权谋私还是一种比较文雅的说法，实际上可以说他就是一个政治流氓。”

从这些话可以看出来，得到胡长清关照、享受了很多实惠的周雪华，对胡长清这种低下的人格也是很看不起的，他们之间的友情不过是一种“互利关系”。这些所谓的“大款朋友”，扮演着卑劣的“钓者”的角色，一步步地把本来可以开创一番业绩的官员引到了“断头台”上，而迷了双眼的“鱼儿”，渐渐在鱼饵的诱惑下走上砧板。

朋友的好与坏，对于人的一生的影响是很大的。古人说：“与邪佞人交，如雪入墨池，虽融为水，其色愈污；与端方人处，如炭入熏炉，虽化为灰，其香不灭。”荀子也说过：“匹夫不可以不慎取友。”说的都是这个道理，不论是谁，都应该“近君子、远小人”“先择而后交”，不加选择地交友，极有可能会给我们的人生带来难以挽回的负面影响。

◎亲情是绝对无法用金钱买到的

父慈子孝，兄友弟恭，纵做到极处，俱是合当如是，着不得一毫感激的念头。如施者任德，受者怀恩，便是路人，便成市道矣。

——《菜根谭》

父亲慈爱，子女必然孝顺，兄长友爱，弟弟和妹妹必然对他敬重，家人之间即使互相付出了全部的爱心，也都是理所当然的，彼此间不须存有一丝感激的念头。如果施恩的人自以为是恩人，接受的人抱着感恩图报的想法，那就是将至亲骨肉之间的关系当作了陌路人来看待，把亲情变成了一种市井的交易了。

人与人之间的关系是最为复杂的，有着各种各样的“情”，但是不管时代怎么变化，亲情都是最为重要的。家人是这个世界上与我们血脉相连的人，彼此之间的感情，是不需要理由也无须追求什么结果和回报的。浓浓的亲情永远都割不断，特别是在以孝为先的中华民族中，亲情就是我们一生的责任，是这个世界上最为伟大的力量。

三国时期，曹操杀了杨修，事后觉得挺对不起杨修的父亲杨彪的，就派人送了很多礼物给他，并对他特别好。后来曹操去看望杨彪，以为他应该从悲痛中走出来了，可是在见到杨彪后，他大吃了一惊，问道：“你怎么瘦成这样了？”杨彪回答说：“我很惭愧，不能像金日殚那样有先见之明，但我还是像老牛疼爱小牛犊，对杨修有着割不断的父子之情啊！”曹操听了之后，也不禁觉得很是凄凉，叹了口气，竟然羞愧地说不出话来，谁让自己杀了人家儿子呢。

从这个小故事可以看出，亲情超越一切，就算是“罪犯”的亲人，内心更多的依然是因为失去儿子而产生的悲伤和痛苦。动物尚且有舐犊之情，更何况是身为万物之灵长的人类呢？亲人之间的关爱，从某种角度可以说是出于人性的本能，如果把这种爱加上了利益的砝码，在付出的同时还得考虑一下是否能得到回报，便亵渎了这份世上最神圣的感情。

还有一个这样的故事，也让我们见识到了亲情的伟大。唐山大地震时，一家三口被埋在了坍塌的屋子里，妈妈当场就被砸死了，爸爸和九岁的儿子分别被困在相距几米远的地方。周围黑漆漆的一片，儿子在不停地哭，爸爸就跟儿子聊天，给他讲笑话，鼓励他，告诉他很快就会有人来救他们了。

在父亲的安慰下，儿子渐渐地平静了下来，情绪不那么激动了，也不再那么害怕。外面的喧闹声渐渐变得寂静，时间也从白天变成了黑夜，但父亲的声音却始终没有停下来。就这样，在地震三十七个小时之后，父子二人获救了，救援队先救出了儿子，可是，当跟儿子相隔五米远的爸爸被救出来的时候，所有人都惊呆了：这位父亲，一直在用语言鼓励、安慰儿子的爸爸，从右肩开始，一直到右腿，整个身体都被一根水泥柱压着，早就已经血肉模糊、分辨不清楚了。挖出来后，这位父亲什么也没说，只是看了儿子一眼，就死去了。

与这个故事类似的，还有汶川地震的时候，到死都还在哺育着幼儿的母亲，在手机屏幕上给孩子留下遗言的妈妈；还有古代孝子卧冰求鲤的佳话。这些都充分地向我们说明，我们每个人活着，其实都是为了延续亲情——当我们感到幸福的时候，亲人也会跟着幸福；亲人能够幸福，我们也会打心眼儿里感到开心。

有一个叫作大悟县的地方，也上演过感动人心的一幕：为了给身患尿毒症的母亲治病，三个还没成年的女儿，都争着要把自己的肾捐给母亲。母亲很欣慰地告诉别人："不管我的病治成啥样子，我都没有什么可遗憾的了。有这么懂事的孩子，我已经很知足了。"这就是亲情的力量，世上难道还有比它更强大的力量吗？当然了，生活中不珍惜亲情的人，也不在少数。他们把亲人当成了自己的工具，将亲情看作是利益的平台，不仅欺骗了家人，也是在糟蹋自己。往大了说，古代那些把女儿嫁给敌人首领的皇帝，只是为了一时的安稳，就让宝贝女儿冒着生命危险充当敌人的人质；还有家族间的政治联姻，都是这种类型，亲情完全被出卖，利益也成了衡量亲情的标准。往小了说，现在一些人为了钱财，编出各种各样的理由去哄骗家人，甚至不择手段，无所不用其极。比如臭名昭著的传销人员，利用亲人的信任，编织出种种借口，让他们给自己寄钱，用来满足自己的欲望，完全不理会亲人对自己的担忧和挂念。还有一些人，因为一丁点儿的利益，就跟家人翻脸，导致家庭不和睦，这些人都是非常极端的例子。

快节奏的都市生活，让很多人渐渐忘记了亲情的重要性。父母希望我们回家看看的时候，不少人总是用简单的一句“我很忙”就打消了他们的念想，打断了他们期盼的话语。不再因为亲情而感动的人，其实生活也已经变得不幸福了。一个不重视亲情的人，他又怎么能够感悟到生活的真谛呢？得到的名利再多，也只不过是在身上压了几块巨石罢了，只会是沉重的负担。

“树欲静而风不止，子欲养而亲不待”，不要等到失去了才知道后悔和珍惜。

◎处理家庭矛盾的好方法——心平气和

家人有过不宜暴扬，不宜轻弃。此事难言，借他事而隐讽之；今日不悟，俟来日再警之。如春风之解冻，如和气之消冰，才是家庭的型范。

——《菜根谭》

家人犯了过错，千万不要对他大发脾气，也不能因此嫌弃他。如果在这件事情上不能说服他，可以借用其他的事情来婉言相劝；如果他今日不能醒悟，可以过两天再慢慢开导。总之，要像春风化解残冬，和风消融冰雪一样，这样才是处理家庭事务的最好方法。

常言道，家家有本难念的经，就连清官都难断家务事，更别提普通人了。尤其当自己的家人犯了错时，我们更不能用平时自己处理事情的方法来解决，而是应该在善待家人的基础上，用相对柔和的办法慢慢去引导他们、纠正错误。

古代有一个“掘地见母”的故事，讲述的是亲人之间遇到矛盾的事情。故事发生在春秋时期的郑国，武公把持了政权，做了王，他娶了武姜做妻子。武姜为他生了两个儿子，长子叫寤生，次子叫叔段。因为在生长子的时候是难产，武姜承受了很大的痛苦，而生次子的时候很是顺利，所以武姜喜欢次子，不喜欢长子。后来，武公病得很重，武姜就请求丈夫立次子叔段做太子，武公没有同意。不久，武公去世了，长子寤生继位做了郑国的王，就是历史上的庄公。

后来庄公封弟弟叔段去京襄城上任。这个叔段到达自己的封地之后，就开始秘密地招兵买马，计划着夺取寤生的王位。后来，叔段以为时机已经成熟，于是马上和母亲武姜进行了一番密谋，准备里应外合，找个日子攻进郑国国都，杀掉自己的大哥，自己当国君。谁知道事情败露，母子之间往来的密信被庄公查获了。于是庄公派手下大将公孙吕，率领两百乘战车，前去京襄镇压弟弟叔段。叔段走投无路，只好逃到了鄢陵，公孙吕穷追不舍，一路追杀过来，叔段没有办法又逃到了共，最后终于意识到自己现在的兵力已经无法再反抗，就自杀了。

对于弟弟的死，庄公很是心如刀绞。母子之间、兄弟之间竟然相残到了这种地步！庄公很是愤怒，“遂置姜氏于城颖”，他把母亲软禁起来，并且发下了毒誓：“不及黄泉（地下水），毋相见也！”（看不见黄泉水，就不跟母亲见面了！）这真是一种极其严厉的惩罚了，跟母亲完全撕破了脸。

然而，不到两年，庄公就后悔起来，他不仅思念母亲，还很想与她见面。毕竟母子之情，血浓于水。于是，他就询问下属，我想念母亲，但曾经发下毒誓不见她，这可怎么办呢？颖谷的地方官考叔就献给他一计：如果在地下挖条地道，只要见到了地下水，那就不算违背自己的誓言，又可以实现母子相见的心愿。于是，庄公便按照考叔的计策，让人挖了一条地道。终于母子团聚，皆大欢喜。

我们作为普通人，有时候也会与亲人之间产生误解。像我们下班回到家，因为心情烦闷，就乱发一通脾气，如果家人心情也不好的话，那家庭冲突便在所难免。

我有个朋友，平时在公司里低声下气，领导骂他一个小时都不会流露出不满的神情。可是一回到家里，便对在家做全职太太的妻子横眉冷对，颐指气使。他觉得妻子吃他的用他的，理应承担他在公司受的一肚子气。有一次，他发现妻子竟然在没有告知他的情况下买了一条裙子，便对妻子粗言相加，破口大骂。但事实呢，妻子这么多年连一双新袜子都不舍得买，这条裙子只是因为要参加朋友的婚礼，迫不得已才买的。可是老公却完全不理会事情的来龙去脉，因为在他眼里，妻子是不允许做错事情的。这样的结果是，既伤害了妻子，也彻底地摧毁了他们的婚姻。

亲情的建立与维系，实在不是那么简单的一件事，而想要毁坏的时候，只需要小小的一个举动就能做到。“历尽劫波兄弟在，相逢一笑泯恩仇”，对于自己的亲人和家人，本来就不该有什么不共戴天的仇恨，为什么不能和颜悦色地去化解矛盾呢？为什么不和家人互相体谅，宽怀容纳呢？

每个人都应该珍惜身边与自己最亲近的人，要知道，亲情与其他感情不同，一旦失去，就不再有了。所以，我们都应该学会珍惜、爱护和理解自己的亲人，用真情、真意、真心去浇灌亲情之树，用理解化解矛盾，用关爱呵护一生。

第九章 居安思危，才能实现自我超越

〇事情都有两面性，要以平常心来对待成败。

〇找准目标进取，紧循方向，不要失了自我，还达不到目标。

〇冷静思考，做最为睿智的决定。

〇只有自己才能对自己负责，任何事都不要怨天尤人，因为危险往往是自己种下的，与别人无关。

〇留给子孙后代最大的财富是精神上的，而非物质上的。父母终有离去的一天，只有自己掌握了生存技能，才能笑着活下去。

◎祸福相依，居安思危

子生而母危，镪积而盗窥，何喜非忧也；贫可以节用，病可以保身，保忧非喜也。故达人当顺逆一视，而欣戚两忘。

——《菜根谭》

孩子出生时，母亲可能会遇到危险；积蓄金钱时，却又容易引起盗匪的窥视。可见，任何一种值得高兴的事，都附带有危险。贫穷虽然可悲，但可以使人勤俭，疾病虽然很痛苦，但可以让人因此学会保养身体的方法。可见，任何值得忧虑的事，也都伴随着欢乐。所以一个心胸开阔的人，他总能把顺境和逆境一视同仁，因此，也就能够忘掉高兴和忧伤了。

古语说："祸兮福所倚，福兮祸所伏。"这表明任何事物都隐含着与之对立的另一面，生机和危机也是辩证存在的，生机中往往隐含着巨大的危机，而在危机中，同样也蕴藏着无限的生机。若能彻底地理解这个道理，做到不以物喜、不以己悲，我们就可以自然而然地忘掉高兴和忧伤了。

中国历史上的书法家王羲之，关于他，有一个"口水救命”的故事。

东晋大将军王敦非常喜欢自己十岁的侄儿王羲之，经常把他带在身边，有时安置在帐中同寝。有一天，王敦早早地起了床，而王羲之仍贪睡未醒。不一会儿，属下钱凤进来，于是王敦令身边的亲随都退下，密议叛国起兵的大事，全然忘了王羲之还睡在帐中。

在床上的王羲之听得真切，发现王敦和钱凤竟然在密谋造反之事，不由得大吃一惊，随即一想，既然自己已听到，断无幸免存活的可能。于是灵机一动，吐出口水，把被褥、床头和自己的面颊、嘴角全都涂染，继续假装熟睡。

王敦与钱凤正谈得起劲儿，忽然想起帐中仍有王羲之，不由得大惊道：“糟了！我们的话都被他听到了，事到如今不得不除掉这小娃儿了。”他前去打开帐子一看，只看到唾液处处，床具被玷污了一大片，王羲之仍旧好梦正酣呢！王敦看了大为放心，消除了杀意。王羲之终于保全了一条小命。

如果没有这种处变不惊的性格，王羲之说不定早就没命了，更何谈以后的书圣呢？

再看另一个故事。

面对数万精锐骑兵，只有几千人马的宋将毕在遇，命令士兵将数十只羊的后腿捆绑在树上，使倒悬的羊的前蹄拼命踢蹬，又在羊蹄下放了几十面鼓，羊腿拼命踢蹬，鼓声隆隆不断。

毕在遇用“悬羊击鼓”的计策迷惑敌军，自己的人马安全转移了。

这种临危不乱、处变不惊的能力，便是对灾祸两面性的透彻理解。把顺境和逆境一视同仁，冷静地看待灾祸和福乐，这才是真正的智者之道。但是现实生活中，人们往往无法平静地思考这种福祸的转化，经常得意时忘乎所以，失意时不知所措，既把握不住危机中的机会，也意识不到成功背后蕴藏的危机。有一句话说得好：不管成功还是失败，都是你自己的！一点儿没错，做人做事，不管成或败，其实全在于我们的心态，而不是外界的因素。

◎当局者迷，旁观者清

无事时心易昏冥，宜寂寂而照以惺惺；有事时心易奔逸，宜惺惺而主以寂寂。

——《菜根谭》

平时闲居无事时，我们的心最容易陷入一种迷乱的状态，这时应当唤醒我们平静的内心力量，来使自己觉悟；在忙碌的时候，人的感情最容易冲动，此时，我们应当用冷静来控制冲动的情绪。

在这里，我们能明白两个很普遍的道理。一个是千万不要让自己太闲，因为一旦闲下来，人的心就会迷失，不知道该干什么，自我定位会出现问题。另外就是控制自己的忙碌程度，别做工作狂，如果总是不停地工作，情绪容易失控，感情也容易冲动，这时就容易做错事。要解决这两种情况，我们都需要冷静下来，唤醒内心平静的力量。

日本的西有穆山是位得道高僧，有一天，他看见了一幅画，上面画着禅宗初祖达摩与游女倾城对坐，不禁为之心动，赞叹不已，写下了一段偈子，说：“佛祖九年面壁，老衲十年忧烦；本想除却烦恼，迎得菩提，诚心学佛，却一直难成；一日弹琴，方得成悟，逢人便称南无阿弥陀佛；除却此心，别无杂念。”

杂念，就是我们烦恼的源泉。太闲和太忙，都会产生大量的杂念，污染我们的心灵。如果你每天都沉浸在这种烦恼空虚中无法自拔，身体和精神就会出现问题了。这时，心灵会被堵塞，精神就会恍惚，不犯错是不可能的。

美国著名的投资大师巴菲特曾经介绍自己的生活说：“我每年都会抽出大量的时间，独自待在家乡，哪儿也不去。越是华尔街繁忙的时候，我越不会靠近那里，只有这样，我才能冷静地思考，看清楚到底谁光着屁股。”

对于自己的工作节奏，巴菲特就安排得很恰当，什么时候该忘情地工作，什么时候又应当充分地利用休息的时间，调养身心。和那些每天钻进钱眼儿、站在华尔街电子显示屏前面盯着股价数据信息看的金融投机家相比，巴菲特正是赢在他超脱的境界上。他没有被工作绑架，而是可以站在外面，进退自如地审视这个行业，让自己始终可以占据制高点，不会被一些真假难辨的信息迷惑了双眼，像那些破产的股票投资者一样做出错误的选择。

一个人，当大家都闲着时，他会努力工作，但当大家都忙碌时，他反而又会置身事外，让自己冷静下来。这就是智者的明断。心中的杂念是怎么产生的？就是在忙得晕头转向时，易冲动，看不清真正的局势。所以，忙碌时，不妨让自己当一个旁观者，跳出迷局，冷静自处。而在闲下来时，又不妨给自己找点儿事干，别让心灵出现空窗期。

这是一个很简单的道理，但是很少有人能够做到，就是因为生活的节奏太快了，人们不易理清思绪，也难以在繁冗的信息当中发现对自己最有利的信息。所以，也难怪现代人觉得自己越来越不快乐，因为人们已经很难真正地平静下来了。每天都处于身心忙碌的状态，无暇去理性思考，只会让自己的内心成为一团乱麻，被利益之争和琐事重重困住。想摆脱这种状态，我们就得适当调整自己，平衡生活中的忙与闲，多用心感悟生活，让平静化为心灵的柱石。这样，就可以很好地控制情绪了。

◎骄矜则无功，忏悔则弥过

盖世的功劳，当不得一个矜字；弥天的罪过，当不得一个悔字。

——《菜根谭》

即便你拥有盖世超人的丰功伟绩，也承受不了一个骄矜的“矜”字所引起的反效果来抵消；即使你犯了滔天大罪，也挡不住一个“悔”字，只要人可以彻底地忏悔，就能赎回自己以前的过错了。

在这里，《菜根谭》中讲的“骄矜无功，忏悔天罪”，共有两层意思：第一层是说我们要戒骄，不管取得了多大的成绩；第二层则是说悔罪，不管犯了多大的过错。关于戒骄的道理，我们当然都是知道的，也都能接受，但对于悔罪，则存在不少争议。因为人们一般不接受他人的忏悔，而且对于犯错的人来说，想真正地做到悔罪也不是什么易事。

商汤时，发生了七年大旱的灾荒，汤王请太史占卜，太史说，应该杀个人来祭天。商汤愿用自己祭天，他历数了自己的六条罪状，准备把自己干掉。但他的话才说完，方圆几十里都降下了大雨，解除了旱情。

听起来，这个故事很玄，历史上真的有这样的事吗？当然难说是真的。不过，它表现出来的一种精神，就是一种悔罪的高尚品格。同时，这也是仁的表现，商汤能将天下大旱的过错全都归罪于自己，虽然有迷信的成分，但却体现了一种愿意承担责任的精神。

由此可见，闯下滔天大祸的人，假如能够彻底地忏悔，洗心革面，重新做人，他内心的邪念就会全部消失，他犯下的罪孽也能得到一定程度的宽恕了。而且，如果一个犯错的人愿意忏悔，还会给整个社会带来好的示范效应，这比任何的善事起到的作用都要大，哪怕犯错的人从来都是一种负面形象。

就像西汉的武帝，他一生的时间都用来穷兵黩武，攻打匈奴、西域，消耗了国家大量的财富。虽然取得了赫赫武功，为汉帝国开疆拓土，打下了威名，但到了他晚年时，国内已经民不聊生了。这时的汉武帝，做了一件让其他帝王汗颜不已的事：他下了一封罪己诏，明确向天下人表示，错误是他犯下的，现在，他决心改正。

皇帝的忏悔，顿时感动了天下的百姓，重新凝聚了民心，开始了又一次的休养生息，等到他的孙子汉宣帝继位时，汉帝国又重新恢复了强大。

犯了错误不要紧，忏悔也是必需的，但关键是改正。需要指出的是，错误也分大小轻重，在本质问题上犯错，后果将是万劫不复的，恐怕弥悔也没用了。有一些错误，人是没有改正机会的，即便忏悔，也只是弥补自己忏悔的心灵，对于已经犯下的错误，是于事无补的。

这一节还告诉我们一个道理，在取得成绩以后，及时地戒骄戒躁也是非常重要和必需的。有一点儿成绩就翘尾巴，那样的人，我们很难想象他会在事业上有什么成就，只能是昙花一现罢了。有功了就可以得意吗？居功自傲，向来都是灾祸的源泉，历史上这样的例子太多了，无数的哲人，对此也都有过异曲同工的阐述。比如老子，他就主张建功而不居功，打天下建天下而不占有天下，独享天下。“功成身退，自然之道”，不管立有多大的功劳，都应时刻明白，自己不是一个人在战斗，自己取得的成绩，是因为很多人的帮助。如果骄傲，得意忘形，目前拥有的一切，很可能还会失去。而且老子认为，如果打下天下就占有天下，那与强盗的抢劫有什么两样呢？

◎是福不是祸，是祸躲不过

福不可邀，养喜神以为召福之本而已；祸不可避，去杀机以为远祸之方而已。

——《菜根谭》

福不可以强求，如果能培养乐观的心境，倒有可能招来福气；祸不可以躲避，如果能去掉心中的恶念，倒是一种可以远离祸患的方法。

所谓的福与祸，往往无法由我们自己主宰控制。有句话说："福兮祸所伏，祸兮福所倚。"福和祸是相互依存的，更是时时都存在的。而且，它们之间能够相互转化，并不因我们的主观意愿发生改变。那么对待福与祸，我们的态度应该是什么？是强烈地渴求福、积极地逃避祸吗？不是的，应该对生活保持乐观的心态，并且控制心中的恶念，只有这样，才能得福远祸，并且活得心安理得。

幸福不是我们想求就能求到的，否则一个人只要每天吃斋念佛，乞求幸福降临就行了，还需要出去工作吗？乞求幸福是弱者的行为，作为人生的强者，定当争取自己的幸福，而不是寄希望于佛祖或者上帝。

首先，我们应当明白福是什么，是优越的生活还是炙手的权势？其实幸福就在于我们的生活态度。乐观，你就是幸福的，坏运气也能变成好运气；悲观，你就是痛苦的，始终生活在"祸"可能降临的恐惧中。像罗曼·罗兰说的："一无所有的人是幸福的，因为他们将获得一切！"中国也有古语说："有心就有福，有愿就有力；自造福田，自得福缘。"两者在意义上是相通的，就是不求拥有全部，只求心安理得，乐观地对待一切。

所以，福不但是运气、财富、机遇，更是一种人生价值观。一个心态乐观、懂得知足的人，就算每天吃糠咽菜，也能感受到生活的美好；一个贪得无厌的人，就算财富世界第一，也会因为自己的不满足，体验不到生命的价值和已经得到的幸福，因为他的眼睛总是盯着那些还没得到的东西，总是伸着手去拽、去争夺。到了这一步，这个人离自己的“祸”就不远了，一旦受到挫折，他的承受能力会很差。当华尔街发生金融风暴，那些从高楼大厦跳下来自杀的富翁，他们的福祸观，就是这样的：身在福中不知福，祸端来时无法受。

我有一个朋友，是超级股民。他每天把所有的精力都放到研究股市上，连吃饭的时候都会盯着大盘走势，时刻不停地关注潜力股、长线短线，整天做着发财梦，一有闲钱，就买了股票放起来，期望哪天押对宝，股票一飞冲天，变成千万富翁。

有一次我问他：“万一不赚钱，变成垃圾股，你到时怎么办？”

他马上急了：“不许说丧气话，不许诅咒我！”

看来，他对于“福”的渴盼，已经到了非常极端的地步；对于“祸”的恐惧，更是让我这个旁观者都胆战心惊了。从那时起，我就很担心他，因为他太想走好运了，这很可能会适得其反。果不其然，2008年的时候，中国股市遇到了一次很大的冲击波，在全球金融危机的影响下，股市一片大跌，朋友买的那些股票，飞流直下三千尺，别说变成垃圾股，跌得连影子都找不到了。

出了这么大的事，我赶紧给他打电话，一听关机，心想不妙，急忙抽时间去了他家，只看见他妻子一脸愁容地呆坐在家里。一问，才知道他失踪了，不知道去了哪里。我们报了警，半个月后才找到他。还好，他没有自杀，而是一个人在山上躲了十几天。找到他时，他已经骨瘦如柴，精神恍惚了。

看到他这副样子，也没办法发火，只能对他说："事情已经发生了，你躲，就能躲过去吗？"

没有人愿意灾祸降临在自己的头上，但天灾人祸却是谁也无法躲避的。一般来说，只要自己不做恶事，没有邪念，就不用担心受到上天的惩罚。那么，即使受到灾祸，我们也不应心虚，只当它是命运的考验。对于锤炼自己的能力的机遇，又有什么好逃避的呢？就像我这位朋友一样，虽然开始的态度是不对的，肯定难以求到福，但当祸到来时，躲避的办法也一定是最笨的，要想摆脱危机，就应当坦然面对，乐观面对。

说到底，祸福都不是由人的主观意识决定的，人世间是变化无常的，好的事情会变坏，坏的事情也会出现好的方面。这个世界本身就有无数种可能，就具体的某一件事来说也有两种可能：一种是福，一种是祸；一种是成功，一种是失败。它们各占百分之五十。所以当你处在逆境中或者感觉自己不得志的时候，你应该相信，成功对于所有人来说都有百分之五十的可能。

在这个世界上，没有谁是上帝的宠儿，或者说我们都是上帝的宠儿，因为他给了我们每个人百分之五十的成功的可能，只要你坚持不懈地努力了，这种可能就会实现。每个人都是平等的，只要根据自身的条件和能力来制订目标，并用平和乐观的心态对待——有信心，加上肯努力，就一定会心想事成。即便结果不尽如人意，我们只要看到自己付出过程中的快乐，这本身也是一种幸福。

◎不以物喜，不以己悲

人心多从动处失真。若一念不生，澄然静坐，云兴而悠然共逝，雨滴而冷然俱清，鸟啼而欣然有会，花落而潇然自得。何处无真境，何物无真机？

——《菜根谭》

人的心灵大半是从浮动处才失去了纯真的本性。假如任何杂念都不产生，只是自己静坐凝思，那一切念头都会随着天际的白云消失，随着雨点的滴落，心灵也会有被洗清和涤净的感觉。听到鸟语呢喃，就会有一种喜悦的意念，看到花朵的飘落，就会有一种开朗的心情。任何地方都有真正的妙境，任何事物也都有真正的玄机。

人一有杂念，就会浮躁、冲动、盲目，因为得不到而失落，因为欲望太多而不平。很显然，心态的浮躁会让我们的人生变得灰暗，让自己失去纯真的本性。因为浮躁对人来说，正是对自己及世界的认识模糊所产生的一种必然结果。

这是一种什么样的心态呢？它源自于人们对于事物的过高追求，目标定得太高了，但一时又达不到，就会产生不平的心态了。所以，浮躁好像是一只猛撞玻璃窗的蜜蜂，为了看得见但却不容易得到的光明，进行一次一次的抗争。同时，还像一片美丽的海市蜃楼，随着脚步的临近，失望也逐渐加深。它又像一只离群的狮子，茫然四顾，徒然长啸。到最后，才发现自己做了一个忙碌的梦，在这个过程中，我们的青春和时间，都白白地浪费了。

心态是很重要的，做人处事，如果过于追求完美，或者总是愤世嫉俗，就容易产生浮躁的情绪。但是《菜根谭》告诉我们，让我们赏心悦目和可以怡情养性的事物，身边到处都是，关键就在于你能不能去发掘和领略。

宋朝的青州有一位叫李镜的父母官，在一县之地为官九年，日理万机，处处为百姓着想，政绩卓著。同僚朋友都劝他："何不给上司送些礼，以你的能力和口碑，升官发财是必然的事情。"李镜却淡淡一笑："为官重在造福一方，并不是必须要高入庙堂、享受荣爵才可以的呀，在一个小地方，照样可以风生水起，实现我的愿望。"

李镜深得了物物真机的内涵，与《菜根谭》的主张异曲同工。只要心是真体，就能发现物物都有真机，当官为民，在哪儿都可以，并非必须进入京城，或者享受高官厚禄才行。对于现实中的我们来说，道理也是一样的，只要能使心保持澄清宁静，周围生活中的一切都足以引出无限佳趣，见物听物，全都能显露出自然的妙用。比如，我们见到天边云彩的飘浮，就悠然兴起离尘出俗之感；听见雨声淅沥而万念寂静，心地清醒；听到鸟啼，欣然而心有领会；看花儿落了，则潇然而心有自得。无论在任何地方，都可以是超俗的境界。

这就是生活，对人们而言，强求的东西往往带来烦恼，却还得不到。只有不再强求，静心思考，享受生活本身的快乐，才能处处真境，物物真机。在职场中亦同理，每天为了升职加薪斗得你死我活，头破血流，还往往不得善终，寻不到好结果，那倒不如静下心来，享受现在拥有的一切。

在我们遇到不顺利时，也要找到挫折与不顺的根源，然后用百倍的精力投入其中与它周旋，而不是任由自己被心情左右，在迷失的路上越走越远，再也回不来。我们要确立自己的人生目标，然后分阶段地去实现！

最重要的是，我们对于世事，要放平心态，不以物喜，不以己悲，顺其自然。那些世人羡慕的名利，送上门来，不会喜得乐不可支，如果没有，也依然平静如水，这样的生活才总是令人愉快的。

◎前途不可知，关键还是个人的心态

事穷势蹙之人，当原其初心；功成行满之士，要观其末路。

——《菜根谭》

对于一个事业失败、陷入困境而心灰意冷的人，要思索和理解他的内心，而不是简单地判断与责备，要回想他当初奋发上进的精神；对于一个事业成功而且正感到万事如意的人，要观察他是否能永远坚持下去，考虑他的结局会是如何。

任何事情，都是会有所变化的，人生总是呈现出动态的发展态势。人也一样，不可能总是一帆风顺地走下去，也不会永远失败下去。至于能不能做出一番大事业，起到决定性作用的，是人的内心志向，以及能够坚持到底的品质。

有一个故事，讲的是有一位僧人问一个叫赵州的和尚："你说'至道无难，唯嫌拣择'，怎么样才能不拣择而达到至道的境界呢？"赵州的回答是："天上天下，唯我独尊。"僧人就辩论道："那仍然是拣择，是生了分别心。"赵州笑道："蠢货！拣择在什么地方呢？"

这个故事听起来虽然很深奥，但其实道理很简单，和"原其初心"是相同的，它在告诉我们，人们只能是生活在现实的有分别和有拣择的尘境里面。唯我独尊，就是指人要遵从自己的内心意愿去做事，不能轻而易举就放弃，也不要让自己的心灵被俗世的灰尘所蒙蔽。

引申到为人处世的话，就是说，人的选择是不一样的，目标也是不一样的，所以，在人生前进的路途中就会产生截然不同的过程。有的人生活得顺利，但有的人就会遇到许许多多大大小小的挫折。这时候，我们判断一个人的标准，就不能靠单纯的结果来决断了，评判一个人是失败还是成功了，要看他们的内心，也就是最初的动机和坚持的意志力。

一个目标崇高的人，即便现在还是灰心丧气，处在困境当中，那也不应该因此而被人们责备和嘲笑，因为毕竟他的"初心"是好的，只要方法得当，就能够迅速找回当初的奋发精神，最终还是能够克服困难的。

一个意气风发的人，虽然现在看上去只手遮天、呼风唤雨，那我们也不能急着竖起大拇指去夸赞他，而是要先观察一下，他能不能将现在这种好势头保持下去，是否具备坚持到底的能力和性格。要知道，很多失败者都有过这样辉煌的过去，也都在做某件事的时候接近过终点，但最后还是倒在了冲刺的路上，失败在了某一个环节上。

对我们来说，为人处世，就是要把自己的选择跟最初的理想结合起来，实现内在和外在的统一，坚持到底，这样才不会半途而废，也不会因暂时的失败打击而失去信心，从而才能达到最终的成功。

人生在世，谁能预料成功和失败呢？现实中，成功的人有很多，但失败的人也不少。可是那些注重功利的人，总是喜欢把耀眼的花环戴到成功者的头上，而失败者却要面临穷途末路，得不到世人的理解和支持。我们本来就不应该以成败论英雄，对于失败者自己来说，最要紧的事情，不是用头去撞墙，而是要静下心来，好好地反思一下，将初心隐藏起来，审问一下自己，是不是曾背离过自己的本性，是不是在不经意间背离了当初的目标和理想。

对每个人来说，我们都应该客观冷静地看待失败者，认真地体谅一下他创业之初是不是居心善良？然后再决定现在是不是需要支持和帮助他，不能一棍子把失败者全部打倒。只要他的出发点是正确的，即便现在事情做错了，那也不过是方法问题，不需要太多的苛刻。一个人一时的得失，并不能决定一个人一生的成败，这就是“盖棺始能论定”。只要在失败的同时善于总结，失败完全可以变为成功的前奏。

我们得到的经验是什么呢？就是那句经常听到的话：“好的开始就是成功的一半”，只要出发点是好的，然后再站在这个基础上好好去制订计划，就很有可能开创出一番事业来。如果“初心”都是坏的，那么不管再怎么努力，恐怕结局也不会好到哪里去吧。

同时，一个功成名就的人，如果不能珍惜自己现在的成就，而去贪一些小利，最终搞得自己身败名裂，这样不但会让人觉得惋惜，更会让人憎恨、心痛。这样的人，他已经丢掉了“初心”，那些崇高的理想都被踢到了爪哇国，心态也不再端正，他的“末路”自然就不容乐观。初心改变了的人，他的意志力越强，可能失败就来得越猛烈。最典型的例子，就是历史上那些贪官污吏。本来当官是为了治国安民，当初他们也是想着要为人民谋福利，后来却演变成了营私肥己。那么，无论他们再怎么风光，也无法再顺德民意，离失败也就不远了。

现在有不少人，错把人生中短暂的事业有成和万事如意当作了成功，而把简单的心灰意冷和生活颓废当作了失败，这都是初心不坚定、意志力不强的结果。对我们来说，应该时刻地提醒自己不要忘记自己的本来理想，这才是最为理性和正确的做法。

◎创造财富的方法比财富更重要

问祖宗之德泽，吾身所享者是，当念其积累之难；问子孙之福祉，吾身所贻者是，要思其倾覆之易。

——《菜根谭》

要问祖辈是否给我们留下了恩德，可以说我们现在享用的一切都是，就应该想想他们当时积累财富的时候有多难了；假如要问我们的子孙将来是否能够生活得幸福，就必须先看看自己给子孙留下的德泽究竟有多少。如果我们给子孙留下的恩德很少，就要想到，子孙势将无法守成，甚至容易使家业衰败。

这一节告诉我们，与其为后代子孙留下享用不尽的财富，不如留下一个好的品德、一些好的道德传统。要不然，再多的钱也经不住他们坐吃山空；而且，如果子孙后代能像自己一样优秀的话，那留一大笔钱给他们，其实也是没有必要的。

著名诗人韩东写过一首诗，叫作《山民》：

小时候，他问父亲
“山那边是什么”
父亲说“是山”
“那边的那边呢”
“山，还是山”
他不作声了，看着远处
山第一次使他这样疲倦
他想，这辈子是走不出这里的群山了
海是有的，但十分遥远
他只能活几十年
所以没有等他走到那里
就已死在半路上了
死在山中
他觉得应该带着老婆一起上路
老婆会给他生个儿子
到他死的时候
儿子就长大了
儿子也会有老婆
儿子也会有儿子
儿子的儿子也还会有儿子

他不再想了

儿子也使他很疲倦

他只是遗憾

他的祖先没有像他一样想过

不然，见到大海的该是他了

这首诗其实就是要告诉人们，自己做不到的事情，反而去怪罪祖先是没有用的，因为任何事都要靠自己的力量去做，只是一味地将希望寄托在祖先身上，祈祷祖先能留下点儿可以给自己马上享用的“财富”，是一种最为无能的表现。韩东诗中的那个“山民”就是一个典型的超级大懒虫——他只是想到“儿子的儿子还会有儿子”，就觉得“很疲倦”了。他不想去做艰苦的长途跋涉，只是想享用祖先留下的现成的福泽。最后一句，“他只是遗憾，他的祖先没有像他一样想过，不然，见到大海的该是他了”——他这是直接把见不到大海的责任推给了自己的祖先。可是他自己呢？他并不想为实现看大海的愿望而“从我做起，从现在做起”，他希望的是他的祖先能像他现在这样想，然后按照他想的去做，那么现在的自己就可以坐享其成了。

许多人都有这样的想法，只想乘凉，不愿花时间去栽树，心中只想安逸享受，而没有奋斗的品格。结果便是不光他自己没法儿乘凉，由于他也不想栽树，他的后代子孙也都不能乘凉了。这是一种偷懒的精明，也是一种自私的无能。如果不放弃懒惰和自私的话，就只能像诗里讲的那个人，他们虽然渴望走出大山，却是永远也不可能的。

联想到我们自身来看。现在，大多数父母总是抱着宁可苦了自己，也要满足孩子的想法，尤其是现在的很多家庭都是独生子女，有些父母对孩子真是有求必应，将自己辛辛苦苦赚的钱都存起来，想着要全部留给孩子；孩子大学毕了业，找不到工作，就待在家里白吃白喝，甚至三十好几的人了，连买房子娶媳妇也要父母来承担所有的费用，自己就知道衣来伸手，饭来张口。这不能不说是社会和人性的悲哀。

有这么一个故事，一对小恋人逛街，女孩儿看中了一款皮鞋，很想买下来。男孩儿摸了摸自己钱包，很是难为情，因为他身上的钱还不够这双鞋的零头呢。女孩儿先是冷嘲热讽一通，接着就生气地找借口走了。看着女孩儿走掉，男孩儿也来了坏情绪，马上给自己的妈妈打了电话，在电话里责怪父母没钱，让自己连女朋友这么简单的要求都满足不了。在电话的另一端，男孩儿的妈妈长叹一口气，没有说什么，就挂断电话，脸上却已经流下了泪水。

这个男孩儿跟诗中的山民一样，是一个只想让父辈给他解决问题的无能之辈，他不觉得赚钱是自己的责任，反而认为父母应该给他提供优裕的生活，让他有能力在女朋友面前大手大脚地显摆。但是像这样的事情，仅仅是孩子的责任吗？父母的做法问题更大。他们将孩子生活中的琐事全权处理好，物质上也没有节制地供给，这样只能使孩子养成强烈的依赖性，形成个性上的缺陷而已，比如生活自理能力差、感情脆弱等。虽然父母给了他们足够的钱，让他们挥霍，但却忘了教给他们独立生存的本事和为自己负责的品格。

在这一方面，林则徐完全可以做现代人的榜样。当时有人劝他说多为子孙后代留些金银珠宝什么的，他就说："子孙若如我，留钱做什么？贤而多财，则损其志。子孙不如我，留钱做什么？愚而多财，则益其过。"

在林则徐看来，将大量的钱财家产留给子女，终究会有"坐吃山空"的那一天，不如教给后代生活的智慧和做人的道理，这才是能让他们受用一生的遗产。

就像世界首富巴菲特一样，他自身就拥有几百亿美元的财富，但是却早早地立下了遗嘱，约定自己死后，遗留下来的所有钱都必须捐给慈善机构，只给自己的孩子留下一点儿创业起步的资金就行了。有不少中国人觉得他太傻了，其实不然，巴菲特的想法和林则徐其实是一样的，财富就应该凭借自己的双手和能力去积累，指望着靠老子的钱去享受，就算是暂时风光了，那也不会长久的。

与其留给他们几百亿美元，还不如让他们懂得做人做事的规矩，继承和养成好的精神品质。也只有这样，才会培养出第二个“巴菲特”。

◎即使天塌下来，也要学会理智地思考

冷眼观人，冷耳听语，冷情当感，冷心思理。

——《菜根谭》

用冷静和不带怒气的眼光观察人，用冷静和不带怒气的耳朵听人说，用冷静和不带怒气的心情处理事，用冷静和不带怒气的头脑思考问题，做到这四点，才能保证不做错事情，不做让自己后悔的决定。

一个成熟的人，待人处事一定是冷静的，面对利益诱惑也是理智的，只有抱持着这样的心态，遇到事情了，才不会感情冲动不知所措，

做事的时候，才能有条不紊，有序而行。

现实生活中，我们在感情冲动的时候，就会忘掉理智的存在，对于判断事物，就免不了会发生错误。只有时刻清醒头脑，冷静看待每一件事物，才不会招致祸乱。所以，《菜根谭》教我们，要冷眼观人，冷耳听语，冷情当感，冷心思想。这一系列的“冷”字，不外乎是冷静地去用眼、用耳、用情、用心，全面地去考察，去体会，再去做出合乎于事态的判断，以及最为正确的选择。

冷静的反面是热情，是冲动。热情并不是一件坏事，一个人应该有些激情和冲动，有远大的理想和创业的热情。但如果不能冷静相对，只凭一腔热血，热情迟早会有过去的那一天。但是生活中，不能冷静思考和做事的人太多，一点点小事情都会被冲动蒙蔽了双眼，以致到最后上升为了难以解决的矛盾。

很多人都见过邻居打架，本来很小的事情，不过是磕磕碰碰的一丁点儿小摩擦，但双方最后却陷入一场撕破脸的打斗，本来和睦相处的邻里成了老死不相往来的死敌。

有一次，我居住的小区就发生了这样一出闹剧。和我住同一层楼的一位邻居去楼下买菜时，因为走得太急，速度太快，一不小心碰倒了别人的电动车。本来，这是一件很平常的事情，她只要把电动车扶起来，说几句道歉的话，事情就过去了。但是她却因为赶时间给丈夫做饭，就没有去扶倒了的电动车，只是匆匆地说了句抱歉便走，这一下惹恼了电动车的主人，两个人吵将起来。邻居也干脆不去买菜了，把菜篮子往路边一扔，一边吵一边和对方动手。两个人就这么大打一场，最后都头破血流，进了医院。区区一桩小事，却因为双方的不冷静发展成为了一起治安案件。

我们不妨仔细地想想，为什么会出现这种事呢？就是因为双方缺乏冷静的思考基础，只想维护自己的利益，只站在自己的立场想问题，却没有理性地去为对方考虑一下，没有用心去体谅对方，没有用耳朵仔细听听对方怎么讲，也没有用情去感受邻居之情，更没有用眼去观察一下对方的表情，还原一下事情的本来面目。

不冷静地处事，这从人际关系上来说，当然是既不通情又不达理的。古人强调的“忍”和“恕”等修身之道，无不和“冷”带一些关系，因为只有情绪稳定和冷静，我们才能做到心静。

拥有一个好的心情，是我们的目标，而情绪的静，则是拥有好心情的前提和基础。冷静好比是水，热情好比是火，以冷静制住热情，水火既济，可以利民而益物，建功而立业。反过来，若是热情冲动，弥漫了理智，就是火水未济，水与火皆不能当其位，结果却是两败俱伤。

常言道，“万物静观皆自得”，热情如火当然可以给人以强烈的生命力和无限的温暖，但是冷静如水，却有助于思考精深判断准确而明首善恶。这其实还向我们表明，观察人是一门高深的学问，人们往往由于对别人错误的观察而为自己带来极大的损失。观察人需要一个很长的了解过程，其中，我们就用得上这四静：用心，用眼，用耳，用情。

就像孔子说的：“视其所以，观其所由，察其所安”。没有一个冷静的心态，人的理智思维是难以建立起来的，我们也就很做到真正的四静了。

第十章

停一停，等一等你的灵魂

○随时把握好自己的心性，不要被诱惑所左右。

○你可以变成任何一种样子，但最重要的还是返璞归真。因为人生中最难的便是找到最真的自己。

○虽然说亲兄弟明算账，但一定要冷静地处理好与亲人之间在利益上的问题。

○是敌是友，主要看自己的心里对于此人的定位，以及我们的实际需要。

○为人处世，要平心静气，因为对别人的大度，就是对自己最大的宽容。

◎闹中取静，忙里偷闲

热闹中着一冷眼，便省许多苦心思；冷落处存一热心，便得许多真趣味。

——《菜根谭》

当我们在熙熙攘攘的人群之中，如果能冷静地观察事物的变化，就可以减少很多不必要的繁杂心思；一个人在穷困潦倒不得意时，仍然能保持一股向上的精神，就可以获得很多真正的生活乐趣了。

什么叫“热闹中着冷眼”呢？人在热闹处，我却冷眼看。不是刻意地追求特立独行，而是让自己跳出局中，放下担子，独得一份悠然的快乐。

就像清代的张潮说的：“人生之乐莫于闲，闲非无所事事也。闲者能读书，闲者能游名胜。”别人在一刻不停歇地追逐世俗之利的时候，有的人却可以乐得享受清闲，对于世俗中的人和事物冷眼旁观，这就是一种淡定和超脱的境界。

可是在当下信息发达、生活节奏日益加快的时代，似乎已经没有几个人能有这样的闲情逸致了。人们在现实世界中竞相追逐，尔虞我诈，钩心斗角，渐渐失去了对于亲情、友情和爱情的本初体验，每个人都戴上一副演练了上万遍的“面具”，为了实现自己的利益无法停下脚步，更不会从深陷的利益迷局中跳离，从而失去了许多近在咫尺的幸福和快乐。

生活中并不缺乏美，而是缺乏发现美的眼睛。如果你能从忙碌中暂停下来，认真领略一下周围的风景，便会发现，原来生命的意义不只是赚得金钱，获得名利，悠然的心境更是平常人也可以企及的幸福与成功，而你原本紧张焦虑的生活，也会因此而变得惬意与闲适。

很多人觉得自己的时间不够用，恨不得一天有四十八小时，无论是吃饭、睡觉、走路、做梦，时时刻刻都盯住自己设定好的目标。这就导致生活越来越紧张，时间越来越不够用，到最后连正常的吃喝拉撒睡都紊乱了，但人生却离理想目标越来越远。这样的人是枯燥寂寞的，超负荷的状态不会拉近与成功的距离，只会让自己丢失的越来越多。所以，在工作和生活中，无论怎么忙碌，也要学会忙里偷闲，缓解一下自己紧绷的心情，使自己的身心得到快乐与释放。即便身处困境当中，也要学会寻找乐趣。或许常常怀有这种心情，恰恰正是你绝处逢生的转机。

唐朝大诗人李白在《春夜宴诸从弟桃李园序》中写道：“夫天地者，万物之逆旅也；光阴者，百代之过客也。而浮生若梦，为欢几何？”

“浮生若梦，为欢几何？”这对于身处忙碌中的人们来说，不啻当头棒喝！有些人一辈子都在追求财富，拼命地向事业的巅峰一步步迈进。可是，不要忘记，人生很短暂，正如古人所言，人生如白驹过隙，稍纵即逝。可能当你爬上最高点的时候，同时也已经步入了人生的迟暮时期。等到一个人白发苍苍，犹如风中残烛，他即使拥有再多的东西，又有何用？回头一看，只是自己前进的脚步，他只看到了终点，而忽略了途中的景致。

因此，当你在奔波忙碌的时候，就应该适当地给自己疏解压力，警醒自己要享受现在的快乐，及时行乐。正像古人说的“热闹中着冷眼”，面对人潮汹涌的社会，要尝试着保持一颗冷静、沉着、从容的心态。如今我们身逢这样一个时代，在忙碌的生活中，不仅要“在热闹中着冷眼”，更需要“在冷落处存热心”，这样，世界才不会变得过于冷漠。

在喧嚣躁动的环境中保持清醒的头脑，在失意困顿的环境中也不要迷失自己，学会惬意地生活。就算工作和生活都很忙碌，但是你有吃顿饭的时候，就有喝口水的时间，有喝口水的时间就一定有一点点休息的时间，为何不在忙碌的时候略微抽出一些时间来，让自己的生活变得轻松点儿，哪怕一分钟、两分钟都可以。在急促的节奏里给心情放个小假，放慢自己的脚步，享受一点儿闲暇的时光，何乐而不为呢？

所以，让身心放松吧！这才是通向幸福的必经之路。

我们生存的世界是一个斑斓的万花筒，每个人都扮演着不同的色彩和碎片。很多时候，我们都需要去冷静地审视自己，看到自己内心真正需要改进的东西，看到随时可能被淘汰的现状，以及周围形形色色的人群。这时你就会感觉到，呀，原来我是这样的人！我为何要做这样的事呢？这时，我们一定要秉持最真实的想法做出正确的选择：是冲进去继续争夺，还是跳出来放松自己，重新换一种生活的姿态？

冷静地把握自己的生活，让生活变得简单一点儿，节奏变得适中，想办法忙里偷闲，培养一点儿闲情逸致，从欲望的深坑里拔出腿来，跳出功利的怪圈，关注自己的内心，这才是人生的真正目的。

◎追求安适悠闲的生活方式

林间松韵，石上泉声，静里听来，识天地自然鸣佩；草际烟光，水心云影，闲中观去，见乾坤最上文章。

——《菜根谭》

轻风吹过，山林中松涛阵阵，泉石间水声淙淙，凝神静听，就可以体会到天地之间最自然的声响；草丛上烟雾迷蒙，水中央白云倒映，此刻悠闲望远，就能够发现造物者所创造的伟大篇章了。

王维有句诗，“明月松间照，清泉石上流”，我们亲近大自然，感悟大自然，往往是一种无心的自然而然的过程。这其中的诀窍，便是“静”。一个人，定要有静的心态，达到静的境界，才可以看破世俗，悟到真理，提升自己的人生品位。

所谓的“静”，其实就是在生活中保持安静、闲适、从容不迫的心态。这是一种很健康的人生态度，也是我们过上诗意生活的前提条件。

若想保持这种“静”的心态，我们就必须平静地进行自我反省，检点自己的得失，使自己在形形色色的诱惑面前不迷失方向；平时多读一些书籍，提高自身修养；当面临突如其来的风浪时，能以一种处变不惊、从容自若的心态去沉着应对。

总之，一个人应该沉静思考，尽心做事，才能获得安然与悠闲。

《庄子》中有一个故事：列御寇为伯昏无人表演他的射箭本领，他将弓弦拉满，又在手肘上放置了一杯水，第一箭尚未中靶，第二箭便已射出，而且箭箭精准，他站在当地，神色镇定自若。然而伯昏无人看了之后却说：“你这只不过是有心射箭的本领，却并非无心射箭的本领。如果你跟我登上高山，脚下面是万丈深渊，那个时候，你还可以像现在这样射箭吗？”

结果，当列御寇站在危山悬崖边的时候，吓得汗流浃背，更别提射箭了。

列御寇的射术本身，是精准无误的，可是当他面对一个完全不同的环境时，他心慌了，他没有以镇定从容、处变不惊的心态去应对。

有一句佛家偈语“千江有水千江月，万里无云万里天”，意思就是说，只要我们的心中有情，人间便会充满爱，只要人们心地纯洁，天下就会太平无事。每个人的人生都是需要修炼的，静下心来，改造自我，自觉地加强思想修养，升华我们的思想境界，以纯洁的心灵慢慢培养起高尚的品行。当你能够做到这一步时，就能体会到仁者无敌的境界，可以“闲观烟云”了。

人心就像是一泓池水，如果这泓水变得混浊不堪，那么不但不能自视反观，更加不可能公正地审视他人。现实生活中，有的人热衷名利、贪恋享乐，其实就是受到物欲的诱惑，导致自己心浮气躁，内心产生悸动，心底的那泓水也就更加污浊了。

因此，面对名缰利锁，我们应当以“静”制动，只有心中怀有一方净土，内心安宁，不受外界干扰，才能不为名利羁绊，才可以留正气在天地，遗清名于乾坤。

静听松泉，闲观烟云，试问，“本来无一物，何处惹尘埃”？取一壶茶，在春日午后，享受阳光，那才是最惬意的生活。

◎当今社会什么最重要——和谐

天运之寒暑易避，人世之炎凉难除；人世之炎凉易除，吾心之冰炭难去。去得此中之冰炭，则满腔皆和气，自随地有春风矣。

——《菜根谭》

大自然的寒冬和炎夏容易躲避，人世间的世态炎凉却难以去除；人世间的世态炎凉即使容易去掉，积存在我们内心的仇怨却是更难以排除的。如果能去除人心里面互不相容的念头，那我们待人就会是一团和气，自然就会感觉到处都是温暖的春风了。

世上最难改的就是人心，江山易改，本性难移，人心更是不受控制。所以佛家才认为，欲得“满腔和气，随地春风”，则“当净其心。随其心净，则佛土净”。只要心不净，外在的行为再怎么粉饰，也是不会长久的。

说白了，为人处世，待人接物，全凭着一个心字，如果我们做到心宽了，将心门打开，全然公论，不记私仇，自然就能和气于内，春风于外，就能跟人真正友好地相处，和气生财。

唐太宗就是一个“净心”之人。他宽阔的胸襟使他能够广纳贤良，宽容待人，开创出“贞观之治”的盛世之景。为什么这么说呢？因为在一定程度上，“贞观之治”可以归结为魏徵不怕死、直言进谏的结果。魏徵敢于探求和改变皇帝的内心，大胆抒发自己的建议，不遮掩圆通，坦诚地要求皇帝改正。唐太宗愿意采纳他的想法，从而让国家实现了相当长久的繁荣昌盛。

我们再来看，魏徵是什么人呢？读过历史的都知道，他一开始就与李世民不和，早年他投奔瓦岗军，兵败后才归了大唐；后来又被窦建德俘虏，这又投降了窦建德；窦建德兵败后，他重新归唐，成为李建成的近臣，还不止一次地劝说李建成赶紧杀掉李世民，以免留下后患。

这样一个人，按说该是李世民的大仇人了吧？可是李建成死后，李世民就是不杀他，不但不杀，还委以了重任，让他替自己出谋划策，管理国家。并且，魏徵多次进谏，指出李世民在施政上的错误，说话刻薄，从不给皇帝留情面，李世民对他也是十分宽容，不但不以为忤，反而把他当作了一面镜子，可以时刻审查自己的言行，并加以纠正。

之所以能出现这样的君臣佳话，正是李世民内心宽容的结果。他是真的心胸宽广，而不仅是将宽容当作政治秀的工具。否则，魏徵就算有一百颗脑袋，那么多次犯颜直谏，也不够皇帝砍的。如果遇到像秦始皇、汉武帝那样的君王，恐怕他早就被凌迟处死了。但李世民不同，他虽然也生气，但是生气过后马上就原谅他了，一点儿没有教训和惩罚他的意思。

“海纳百川，有容乃大”，就是说我们做人要豁达大度、要胸怀宽广，不要因私仇影响公义，不要总戴着有色眼镜看人，这也是一个人有修养的表现。中国有句俗话，叫作“宰相肚里能撑船”。姑且不论那些宰相是不是都是有度量的人，但人们都把那些具有像大海一样广阔胸怀的人看作是可敬的人。

问题是，现实中总是小气的人多，心宽的人少，人们斤斤计较，总把私利放在第一位，很少以大局为重。就像被咬了尾巴的狗一样，谁咬了我一口，我就要千口百口地咬回来。别说宽容，便宜还占不完呢，不占便宜就觉得自己吃亏了，谁得罪了自己，就非得整死对方，才能舒一口气。这样做事，如此为人，自然就谈不上度量，更称不上宰相的肚子了。

清代有个李知县，堪称吝啬鬼中的极品。他做人做事有一个八字原则：吃我吐我，私我还我。就是说，吃了我的，一定得给我吐出来；私下得罪过我的，我也一定会原样奉还，得罪回去。人们因此戏称他为“李八字”。

李八字断案子的时候，经常向受害人索取贿赂，并且按贿赂的多少来判案，给钱少的，就少给些公平，给钱多的，便多给些倾向；至于不给钱的，甚至怒斥他为贪官的，那可就倒了霉，他非得想方设法冤枉对方，还口出狂言，说：“有我姓李的在此，岂有你们翻身之日？”不但断案如此，对待下属的师爷和干吏，他也是全无一点儿度量，睚眦必报。所以，没人愿意在他手下当差，光是师爷，两年内就跑了仨。

做人到了这份儿上，离最终的报应也就不远了。许多人都跑到上面去告状，还有人去了京城，时间久了，他的后台在朝廷失了势，自己也跟着受到了清算，被装进牢车拉进了知府衙门，没几个月就掉了脑袋。

心里宽容，做事才大气，人格魅力也才越高，自然就能赢得别人的尊重和佩服。这个宽容的空间越广大，自己的性情就越有转折的余地，我们就愈加不会动肝火、闹情绪，愈加不会纠结于无谓的小事了。

宽容者有路走，狭隘者处处碰壁。因此，一个宽容的人，他到处都可以如鱼得水，和谐圆满，就连路边的乞丐都愿意帮助他。所以，我们要时刻拓宽自己的胸怀，微笑着对待自己的人生，不管遇到什么事，都能从容地将之化解，更快地成功。

◎排除内心的一切干扰，寻求内心的本性

人心有一部真文章，都被残篇断简封锢了；有一部真鼓吹，都被妖歌艳舞湮没了。学者须扫除外物，直觅本来，才有个真受用。

——《菜根谭》

每个人的心灵深处，都有一篇好文章，可惜却被内容不健康的杂乱文字给掩盖了；每个人的心灵深处都有一首美妙的乐曲，可惜却被眼前的妖歌艳舞所埋没了。所以研究学问的人，必须排除一切外来物欲的引诱，直接用自己的智慧去寻求本性，如此，才能求得一生受用不尽的真学问。

我们应该怎样去面对生活中的诱惑呢？《菜根谭》的这一段话告诉我们，要想抵制住生活中的种种诱惑，最关键是求得内心的真性情，也就是说要找到心中的“名文”，去聆听本真的“妙曲”，而不是让外界的各种诱惑来左右自己的想法和行为，成为名利的俘虏和虚荣的奴仆。

仔细留意身边，你便会发现，被诱惑迷了双眼的人实在太多了。有时候诱惑的“苦果”很明显，人们却也如同飞蛾扑火般义无反顾地投身其中。就像抽烟，明明知道有害健康，偏偏还是要去尝试，即使之前已经知道一旦沾染就很难戒掉。再有很多身材发福的人，明知道甜食和热量高的食物只会让人变得越来越胖，见到美食却仍然毫无控制之心。

当然，我说的这些都是小事。往大了说，那些在生活和工作中犯下大错误的人，比如官员贪污、感情出轨或者偷盗别人的财物，都是在诱惑面前低下了头，弯下了腰，出卖了尊严，邪念战胜了内心正义的念

头，思想也不再本真，自然也就失去了生活中的“名文”和“妙曲”了。身在“陷阱”的人觉察不到危险信号，乖乖地被诱惑所绑架着前进，以致在错误的道路上越走越远，到最后就再也无法回头了。

面对现实中五彩缤纷的诱惑，除了基本的自制力、抵抗力，我们最需要的是自我道德的约束，这也是一种良知。当你被外物牵引了视线和内心时，摸摸自己的良心，问一问自己把守的最基本的价值底线，是否还会如此执迷呢？我想，清醒的人是不会如此的，只要清楚自己的真正所求和所需，面对再大的利益诱惑也会坐怀不乱、稳如泰山。

在《了凡四训》里面，有一段话是这样说的：

或问格物乃穷尽天下事物之理，致知乃推极吾之知识，必使一一晓了也。何得以人欲为物，真知为知，克治显现为格致乎。答曰：诚与明德，皆约自心之本体而言，名虽有二，体本惟一也。知与意心，兼约自心之体用而言，实则即三而一也。格致诚正明五者，皆约闲邪存诚返妄归真而言。其检点省察造诣工夫，明为总纲，格致诚正，乃别目耳。

这里讲的是，只有思想开悟了，自己的内心才能真正清静下来，自然而然地就会去寻求智慧和本真了。所以说，无论是追求学问，还是做其他任何事情，都应该用自己的头脑和智慧来看待这些事物。换句话说，我们要充分调动起自身的理性来追求真正的学问，按照内心良知的指引，来决定自己的最终选择，而不是被外界事物所干扰和诱惑，让心中那种虚妄的念头主宰了身体，逐渐演变成不受心灵本真控制的“行尸走肉”。

只有我们自己的理念正确了，原则确定下来了，才能够“读心中之名文，听本真之妙曲”，也只有这样，才能使自己真真正正地体会到人生的乐趣，使自己成为一个真正的有价值的人。

要理解这一点，我们需要记住两个关键词。一是“致知”，二是“良知”。

一、致知。意思是说推展我们的知识学问，让我们对一切事物都能够彻底地掌握和明了，把人生的本质和规律看清楚，学到真正的知识。正如上面的《了凡四训》中所讲的，诚与明都是从本性上来说的。

这是在告诉我们，一个人要常常提起警觉心，在自己的心里设定一座警世钟，当烦扰的杂念出现时，赶紧提醒自己敲响它。心里没有了私欲杂念，才能够练就真正明诚的功夫，打开心门，找到埋藏在内心深处的“名文”，才能知道自己应该做什么、怎样做。摒弃了杂念的心底就如同清澈明净的湖水，做事就会全神贯注，目标专一，不轻易被外界因素影响和左右，也只有这样，才能了悟到人生的真智慧。

二、良知。我们可以理解为良心，也可把它理解为道德。没有良心和道德的人，他们做人和做事的标准就是唯利是图，有利就做，无利就走，心里没有什么真知的概念，也不想找什么“名文”和“妙曲”，双眼很容易就被物欲所蒙蔽。意不诚，当然心也就不正。像这种人，如果当了官，就只会投机钻营，蝇营狗苟，眼里所及之事就是如何让自己赚更多的钱，如何更多地从别人那里牟利。放在生活里，也只是吃吃喝喝的市侩之人，待人处事斤斤计较，势利虚荣，全身上下都充满了不正之气。

缺乏“致知”和“良知”的人，他们的内心被外物充塞了；他们的心灵，也被诱惑主宰了。只有格而除之，才能扫荡内心的乌云和瘴气，从而使灵魂开悟，寻找到真正的自己。

◎以冷静平和的心态为人处世

炎凉之态，富贵更甚于贫贱；妒忌之心，骨肉尤狠于外人。此处若不当以冷肠，御以平气，鲜不日坐烦恼障中矣。

——《菜根谭》

人情的冷暖和世态的炎凉，在富贵人家总是比贫穷人家表现得更为鲜明；嫉妒、猜忌的心理，在骨肉亲人之间表现得也更为明显。在这种情况下，我们如果不采用冷静的态度、平和的心理来处理这些问题的话，就会使自己整日处在无穷无尽的烦恼之中。

人们都说世态炎凉，人情冷暖，人与人之间关系的本质无非是利益的争斗，缺少真挚的关怀和善意的感情维系。究其原因，也就是应了这么一句话：人为财死，鸟为食亡。为什么中国历史上有很多一起打天下的朋友最后却刀兵相见？想当年，大家都是一穷二白的穷光蛋，也都一无所有，同时彼此之间有着共同的理想和奋斗目标，所有人都会铆足了劲儿，尽自己的所能。你看吧，他们干劲儿十足，团结协作，共同对外，心齐得恨不能穿一条裤子。但是等到打下了基业，开始分蛋糕了，人人都想分得一块更大的，他们开始意见不合，明争暗斗，矛盾和裂痕随即出现。为了利益的争夺、蛋糕的分配，你死我活的拼争也就不稀奇了，相信生活中也没有几个人能够完全置身事外，做到“无所谓利益的纷争”。

纵观几千年的中国历史，哪个朝代都有类似的例子，就拿富贵无比的帝王皇族来说吧，能和睦相处已经很是难得，能够互忍互让的就少得可怜了，绝大多数都是为了得到某些利益，残忍地拼斗，无情地互相屠杀。春秋时期，齐国的公子纠与公子小白；秦朝时，秦始皇的两个儿子扶苏与胡亥；唐朝时，李世民与李建成的玄武门之变。这些都是活生生的例子，都是为了争权夺利，遵循胜者为王败者寇的法则，其中一个死了，另一个才能放心地坐上好不容易得来的皇位。在争权夺利时，全然没了一同打天下时那种同生共死的兄弟亲情。

亲兄弟之间，因为既得利益而相残的故事可谓数不胜数，先是彼此猜忌，然后互相仇杀，直到置对方于死地。这哪里还有什么亲情和正义可言？

帝王之家和富贵之家是这样，那平民之家呢？只要亲人多了，有了利益纠纷，照样如此。比如农村有句俗话说：“大家分穷了，小家拼穷了。”这意思就很明显了，有钱人家的孩子，因为争财产而发生内斗；没钱的人家，兄弟姐妹之间，也为了多分得点儿财产而拼来抢去，互不相让，就算一个不值钱的锅盖也要搬到自己家去，丝毫不考虑父母的感受，也不在乎亲情。巴金先生笔下的《家》《春》《秋》三部曲里表现出来的众生相，《红楼梦》中贾环对宝玉的态度以及王熙凤的处处算计……许多文学作品中都描绘了这样的情形。

普通百姓家里，兄弟姐妹们在没有成家立业之前，基本上都是你有我有大家有，你的就是我的，我的也是你的。这时候的亲情是比较浓的，是真正的同枝连理，意气相投。但等到大家都娶妻生子，嫁人成家之后，可就天翻地覆了。个人小家的利益开始渐渐爬到首位，相对来说原来的亲情就变得无关紧要，尤其是兄弟之间。这些可都是赤裸裸的现实生活。

要说因为私利而骨肉相残的事件，最经典的就是历史上著名的七步诗的故事了。故事中曹植作的七步诗读来更是让人心酸："煮豆持作羹，漉菽以为汁。萁在釜下燃，豆在釜中泣。本自同根生，相煎何太急？"本是同根生的亲兄弟，为了利益而进行争斗，下手竟然比对待自己的仇人还要狠呢！

这首诗的作者就是三国末期的曹植，他非常有才华，也很有抱负。谢灵运曾经说过这样的话："天下才有一石，曹子建独占八斗，我得一斗，天下共分一斗。"这是说，天下的才能如果是一石的话，仅曹植一个人就占去了其中的八斗。但是就因为这八斗之才，才为他招来了杀身之祸，这个要杀他的不是别人，就是他的亲哥哥曹丕。

曹植是曹操的小儿子，从小就聪明懂事，还不到十岁，就已经能流利地诵读诗、文、辞赋，可以识十万多字了，号称"出言为论，下笔成章"，曹操很是宠爱他。曹操曾经认为，这个小儿子是自己的孩子中最能成就大事的，几次想要把他立为世子。曹植之兄曹丕却被父亲晾在了一边。所以，曹丕早就咬牙切齿地怨恨这个弟弟了，恨不得将这位威胁到自己地位的弟弟给生吞活剥掉。

在曹操活着的时候，他不敢动手，但当曹操死后，曹丕顺利地当上了魏国的皇帝后，就没什么忌讳了。因为小儿子曹植和四儿子曹熊在曹操死的时候没有前去探望，长子曹丕便借这件事将两人召到面前，追问他们为什么没来，想要趁这机会将曹植除去。曹熊因为害怕，选择了自杀。曹植则被官兵押进了朝廷，接受曹丕的审问。

曹丕的母亲卞氏向他求情，希望他能看在兄弟亲情的分儿上，饶曹植一命。曹丕便假装看在母亲的面子上给了曹植一个机会，让他在七步之内作出一首诗来，曹植就念了这首七步诗。曹丕一听，明白了曹植这首诗中隐含的道理，知道如果自己真的杀了这个弟弟，少不了会被人们耻笑，只好无奈地放了他。

放虽然是放了，但曹植仍没有自由，处处受到限制，经常遭到哥哥曹丕的打压。在权力与利益面前，人情冷暖，世态炎凉，竟然到了这种残忍至极的地步。

怎样才能避免骨肉相残、亲情相仇的悲剧发生呢？《菜根谭》告诉我们，冷静思考，平和应对。亲人之间莫重利，重利之时莫相仇，此为幸福之根本。每个人都应单纯、善良地对待他人，不要以己之私心去度君子之腹，更不能将亲人视为自己的威胁，当作不共戴天的仇人。

其实，我们反过来想想就能明白这个道理了。威胁往往不是来自于对方，而是来在于自己本身。当你把亲人看作是自己的敌人时，他就真的会变成你的敌人了。你不争，亲人即便跟你争，也会争得没有道理。只有你拼命去争时，才会把亲人也推向了你的对立面，所以他才会对你冷面相向，从亲到敌，变得势如水火。

到那时候，不管是赢家还是输家，都下不来台了。即便你赢了，得到了想要的权力或者其他的东西，也会永远地失去世间最宝贵的亲情。当亲情消失，拥有再多的权力和金钱，生命又有什么价值呢？只会距离幸福越来越远。